✈ 기획 · tvN 〈벌거벗은 세계사〉 제작진

자유롭게 누군가를 만나고 여행하는 것이 점차 어려워질 무렵, 집에서 안전하게 세계 여행을 즐길 수 있는 프로그램을 만들었습니다. 여행지에 숨겨진 세계사까지 배울 수 있다면 더 좋겠다는 마음을 담아 만든 것이 〈벌거벗은 세계사〉입니다.

✈ 글 · 김우람

어린이책 기자 및 편집자로 일했습니다. 쓰고 만든 책으로는 〈꾸러기 논술〉 〈우등생 키즈〉 《닮고 싶은 창의융합 인재 2》들이 있습니다. 현재 월간 〈우등생 과학〉에서 객원기자 활동을 하고 있으며 초등 교과와 연계한 학습 콘텐츠 및 어린이책을 쓰고 있습니다. 세상의 다양한 생각과 관점이 모여 종이 위에서 또렷한 상을 맺는 어린이책을 만들고자 노력하고 있습니다. 어린이가 존중받는 세상이 되길 꿈꿉니다.

✈ 그림 · 최호정

어린 시절부터 그림 그리기를 좋아했으며, 대학에서 디자인을 공부했습니다. 어린이책에 그림을 그릴 때가 가장 행복합니다. 그린 책으로는 《그림으로 보는 삼국유사 3》 《전설의 탐정, 전설희》 《자두의 비밀 일기장》 《안녕 자두야 과학 일기 14》 《안녕 자두야 과학 일기 15》들이 있습니다.

✈ 감수 · 임승휘

서울대학교 서양사학과를 졸업하고, 프랑스 파리 제4대학교 소르본에서 역사학 석사 및 박사 학위를 받았습니다. 지금은 선문대학교 사학과 교수로 일하고 있으며, 서양사, 특히 유럽 중세와 근대 초기의 문화와 제도에 관심을 기울이며 연구하고 있습니다. 쓴 책으로는 《귀족 시대》 《유럽의 절대 군주는 어떻게 살았을까》 《절대왕정의 탄생》 등이 있으며, 함께 옮긴 책으로는 《지중해: 펠리페 2세 시대의 지중해 세계 3부》 등이 있습니다. 역사에 관한 흥미로운 이야기를 전하기 위해 tvN 〈벌거벗은 세계사〉에 출연했습니다.

✈ 감수 · 정기문

서울대학교 역사교육과를 졸업하고 같은 대학교 대학원 서양사학과에서 로마사를 전공으로 박사 학위를 받았습니다. 지금 군산대학교 역사학과 교수로 일하며, 서양사, 특히 로마 제국과 기독교의 관계를 중심으로 연구를 이어가고 있습니다. 쓴 책으로는 《역사 이야기를 읽는 밤》 《처음부터 다시 배우는 서양고대사》 《14가지 테마로 즐기는 서양사》 등이 있으며, 옮긴 책으로는 《역사학자 정기문의 식사食史》 《세계고대문명》 《아우구스티누스》 등이 있습니다. tvN 〈벌거벗은 세계사〉 Good TV 〈명사들의 명강〉 등 다양한 방송 프로그램에 출연하여 서양 고대사의 대중화에도 힘쓰고 있습니다.

초등학생이 꼭 알아야 할 필수 세계사

벌거벗은 세계사

⑫ 로마의 국교가 된 기독교와 종교 개혁

기획 tvN〈벌거벗은 세계사〉제작진
글 김우람 그림 최호정 감수 임승휘·정기문

아울북

기획의 말

몇 년 전까지만 해도 코로나19로 인해 예전처럼 자유롭게 누군가를 만나고 여행하는 것이 어려웠어요.
그때 만들게 된 프로그램이 〈벌거벗은 세계사〉예요. '어떻게 하면 집에서 안전하게 세계 여행을 즐길 수 있을까?' 하는 고민에서 프로그램이 탄생하게 되었지요. 그리고 나아가서 여행지에 숨겨진 세계사까지 배울 수 있다면 더 좋겠다는 마음을 담았어요.

〈벌거벗은 세계사〉는 히스토리 에어라인을 타고 세계 곳곳을 온택트로 여행하며 우리가 몰랐던 세계의 역사를 다양한 관점으로 파헤쳐요. 지난 과거를 이렇게 파헤쳐야 하는 이유가 무엇일까요? 역사는 단순히 지나간 기록이 아니라 아직도 우리 곁에 머물러 있기 때문이에요. 세계가 어떻게 시작되었고, 다양한 문화적, 정치적 전통은 어떻게 형성되었으며 또 어떻게 상호작용하였는가를 알면 세상을 폭넓게 바라볼 수 있어요. 역사는 우리가 사는 세상을 제대로 이해하고 더 나은 방향으로 나아가게 하는 힘이 되어 주지요.

세계사를 알면 한국사 또한 더 재미있어져요. 우리나라의 역사도 세계사의 거대한 흐름과 맞물려 있기 때문이에요. 우리가 굴욕적으로 알고 있는 강화도 조약, 을미사변을 우리 역사 안에서만 보면 사건의 실상을 다 알 수 없어요. 당시 청과 일본, 러시아와의 관계, 각국의 경제 상황까지 함께 들여다보아야 사건의 원인과 결과를 자세하게 알 수 있어요. 이렇게 했을 때 과거의 일을 반면교사 삼아 같은 실수를 반복하지 않을 수 있어요.

이 책은 프로그램에서 방영되었던 방대한 역사적 사건들 중 초등학생이 꼭 알아야 할 필수적인 이야기를 엄선했어요. 이 책을 통해 어린이 독자 여러분들은 온택트 세계 여행을 하며 한 꺼풀 더 벗겨 낸 세계사의 진짜 모습을 볼 수 있을 거예요. 세계사를 처음 접하는 어린이 독자 여러분에게 이 책이 좋은 길잡이가 되길 바랍니다.

 제작진

등장인물

임태리

세계대학교 종교학과 교수님

- 방대한 유럽 역사 중에서도 기독교의 역사와 문화를 집중적으로 연구하는 종교학자
- '이태리맛동산'이라는 이름으로 이탈리아 요리 유튜브 채널을 운영 중

강하군

세계사를 배경으로 한 게임에 푹 빠진 겜돌이. 엉뚱한 상상력으로 퀴즈 정답을 맞히는 은근 최상위권!

왕봉구

모든 걸 음식과 연결해 생각하는 먹방 유튜버. 세계 최고 요리사, '왕 셰프'를 꿈꾸지만 지금은 이름 때문에 '왕방구'가 별명!

공차연

얌전하고 새침해 보이지만 운동장에 나가면 누구도 따라올 수 없는 숯돌이 공격수. 반전 매력 폭발!

소피아

여행지의 여러 건축물에 매료되어 건축가를 꿈꾸게 된 로마 출신의 소녀. 철저하게 계획에 따라 움직이는 원칙주의자!

차례

등장인물 소개 • 6
프롤로그 • 10

1부 로마의 국교가 된 기독교

- **1장** 예수의 탄생과 기독교의 시작 • 20
- **2장** 박해받는 종교가 된 기독교 • 36
- **3장** 공식 종교가 된 기독교 • 50

2부 교황의 탐욕과 종교 개혁

- **1장** 막강한 권력을 손에 쥔 교황 • 66
- **2장** 타락한 '신의 대리인' • 78
- **3장** 면벌부 판매와 종교 개혁 • 92

에필로그 • 108

tvN
〈벌거벗은 세계사〉
방송 시청하기

➜ 69화

➜ 123화

✈ 역사 정보

❶ 시대 배경 살펴보기 • **112**
❷ 인물 다르게 보기 • **114**
❸ 또 다른 역사 인물들 • **116**
❹ 오늘날의 역사 • **118**
• 주제 마인드맵 • **120**

✈ 벌거벗은 세계사 퀴즈

• 기독교 편 • **122**
• 종교 개혁 편 • **124**
• 정답 • **126**

사진 출처 • **127**

프롤로그

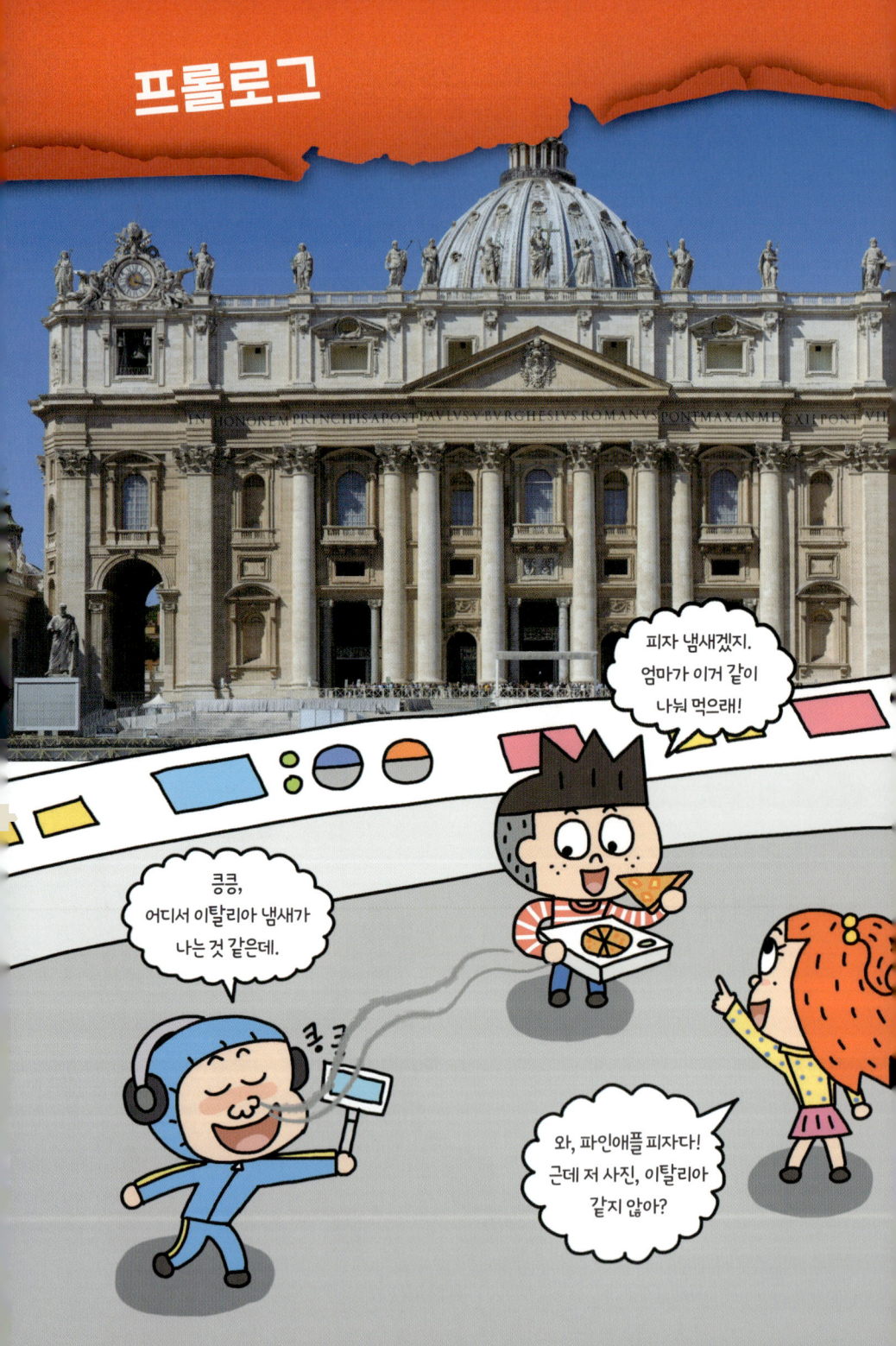

"이번에도 이탈리아로 가는 건가? 이탈리아라면 몇 번을 가도 환영이야. 맛있는 게 정말 많잖아!"

"나는 언젠가 꼭 현지에서 만드는 크림 듬뿍 카르보나라를 먹어 보고 싶어!"

왕봉구와 강하군이 파인애플 피자를 먹으며 신나게 떠들고 있었어요.

"나도. 크림이 잔뜩 들어간 카르보나라는 정말 맛있잖아."

공차연이 맞장구를 치던 그때, 소피아가 들릴 듯 말 듯한 목소리로 이렇게 중얼거렸어요.

"음…… 아닌데……."

"어? 뭐가 아니라는 거야?"

"저긴 이탈리아가 아니야. '성 베드로 대성당'은 바티칸 시국에 있어. 그리고 카르보나라엔 크림이 들어가지 않아. 진짜 카르보나라는 치즈랑 달걀노른자로만 만드는 게 원칙이거든. 맛있는지 아닌지는 중요하지 않아. 중요한 건 크림이 들어간 파스타는 카르보나라가 아니라는 사실이지. 이렇게 파인애플이 들어간 피자를 피자라고 부를 수 없는 것처럼 말이야."

소피아가 차분하면서도 똑 부러지는 목소리로 대답하자, 히스토리 에어라인에는 잠시 정적이 흘렀어요.

"그럴 리가! 크림 없는 카르보나라라니, 꼭 팥 없는 붕어빵

같잖아! 야, 왕방구 네가 한번 말해 봐."

"내가 좋아하는 요리 유튜버 '이태리맛동산' 님도 이탈리아 정통 카르보나라엔 크림이 들어가지 않는다고 했어. 그런데 넌 이름이 뭐야? 난 왕봉구. 미리 얘기하지만 방구 아님."

"아, 안녕? 내 이름은 소피아. 이탈리아 로마 출신이고, 지금은 부모님이랑 건축 여행을 하는 중이야. 여기서 우리 동네 이야기를 한다고 하길래 잠시 들렀어."

아이들은 그제야 서로 자기소개를 하며 반갑게 인사를 했어요. 그때 근사한 복장의 남성이 작은 커피잔을 들고 히스토리 에어라인으로 들어왔어요.

"여러분, 만나서 반갑습니다! 저는 기독교의 역사와 문화를 연구하는 임태리 교수예요. 이태리 아니고 임태리죠. 하핫! 아, 소피아도 벌써 도착했군요. 자, 오늘 여행은…….'

"앗, 잠시만요. 혹시 '이태리맛동산' 님 아니세요? 내가 좋아하는 요리 채널 운영자가 교수님이었다니!"

"정말? 교수님이 유튜버?"

"하하하, 기독교 연구를 위해 이탈리아에 잠시 살았던 적이 있는데요. 그때 이탈리아 요리에 푹 빠져서 시간 날 때마다 유튜브를 운영하고 있지요. 이태리맛동산은 저의 '부캐'랍니다. 구독자를 여기서 만나다니 좀 쑥스러운데요?"

"저기 교수님, 말씀 중에 죄송한데 예정대

로라면 8분 32초 후에 떠나야 해요."

소피아가 조용히 시계를 보며 말하자, 히스토리 에어라인은 다시 한번 정적에 휩싸였어요.

"아 참, 그렇죠. 떠나기 전에 여러분에

게 한 가지 물어보겠습니다. 여러분은 혹시 종교가 있나요?"

"저는 태어날 때부터 가톨릭 신자였어요. 소피아라는 이름 자체가 세례명이기도 해요. '지혜'라는 뜻이죠."

"저는 아니지만 저희 할아버지가 교회에 다니세요. 저희가 건강하기를 바라며 기도한다고 하셨어요."

소피아와 공차연이 차례로 대답했어요.

"오, 그렇군요. 이 질문을 한 이유는 오늘 여행의 주제가 바로 '종교'이기 때문입니다. 사실 유럽의 역사를 말할 때 기독교를 빼놓고 이야기할 수는 없어요. 기독교는 아주 오래전부터 유럽의 정치와 경제, 사회를 지배해 왔거든요. 역사가 예수 탄생을 기준으로 기원전과 기원후로 나뉘는 것만 봐도, 기독교가 세계사에 얼마나 큰 영향을 미쳤는지 알 수 있지요."

"기독교에 대해 알아야 유럽의 역사와 문화를 온전히 이해할 수 있다, 그런 말씀이시죠?"

교수님의 설명에 공차연이 손을 번쩍 들고 자신 있게 덧붙였어요.

"맞습니다. 그래서 오늘은 고대 로마 제국의 중심지였던 이탈리아의 로마와 그 안에 있는 작은 나라인 바티칸 시국을 중심으로 기독교가 어떻게 전 세계로 퍼져 나가서, 종교 개혁이라는 엄청난 사건으로 이어졌는지 살펴볼 예정입니다."

"교수님, 그런데 소피아는 가톨릭 신자라고 했잖아요. 교수님이 말씀하신 기독교랑은 다른 거예요?"

강하군이 고개를 갸우뚱하며 질문했어요.

"우리나라에서는 기독교라고 하면 보통 개신교를 떠올리는 경우가 많아요. 하지만 원래 기독교는 가톨릭과 개신교를 모두 가리키는 말이에요. 유럽에서도 기독교라고 하면 둘 다 포함하는 뜻으로 사용한답니다. 오늘은 가톨릭과 개신교 모두 '기독교'라는 이름으로 통칭해서 이야기해 볼게요. 자, 그럼 이제 진짜 출발해 볼까요? 안디아모(andiamo)!"

교수님의 설명이 끝나자 아이들도 다 함께 소리쳤어요.

"안디아모!"

HISTORY AIRLINE ✈ Boarding Pass

1부
로마의 국교가 된 기독교

FROM S.KOREA　TO ITALY

❶ 예수의 탄생과 기독교의 시작
❷ 박해받는 종교가 된 기독교
❸ 공식 종교가 된 기독교

이탈리아

국가명	이탈리아 공화국
수도	로마
민족	이탈리아인(북부에 프랑스계, 오스트리아계, 슬라브계, 남부에 알바니아계, 그리스계 등 소수 거주)
먹을거리	피자, 파스타, 칼조네, 라자냐, 젤라또, 티라미수, 레몬
종교	가톨릭(85.7%), 정교회(2.2%), 이슬람(2%), 개신교(1.2%), 기타(8.9%)
언어	이탈리아어

세계사
- 로마 제정 시작 기원전 27년
- 예수 탄생 기원전 6~5년경
- 예수 사망, 기독교 성립 30년경
- 로마 대화재 64년

한국사

기독교의 역사는 지금으로부터 약 2천 년 전 예수의 죽음으로부터 시작되었어요. 기독교는 다양한 종교가 공존하는 다신교 사회였던 로마 제국 내에서 점차 영향력이 커졌지요. 그러나 로마 대화재 이후 기독교는 수백 년간 혹독한 박해를 받았답니다. 오랫동안 끔찍한 박해에 시달리던 기독교가 어떻게 로마 제국의 국교가 되어 전 세계로 퍼져 나갈 수 있었을까요? 지금부터 그 과정을 하나하나 벌거벗겨 볼까요?

대한민국

로마 제국, 기독교 대박해 시작	콘스탄티누스 황제 즉위	밀라노 칙령 발표, 기독교 공인			로마 제국, 기독교 국교화 선언		
303년	306년	313년			392년		
			372년 고구려 불교 수용	384년 백제 불교 수용			527년 신라 불교 수용

예수의 탄생과 기독교의 시작

우리는 지금 첫 번째 여행지인 이탈리아 로마에 도착했어요. 로마는 지난 여행* 때도 한 번 왔었지요? 잘 알다시피 로마는 이탈리아의 수도이자, 유럽 역사상 가장 위대한 제국이라 불리는 로마 제국의 수도예요. 도시 곳곳에 콜로세움, 판테온 같은 위대한 유적들이 남아 있답니다. 도시 자체가 하나의 커다란 박물관이라고 해도 과언이 아니지요.

그중에서도 우리가 보고 있는 포로 로마노는 로마에서 가장 오래된 도시 광장이에요. 이름은 '로마인의 광장'이라는 뜻이지요. 고대 로마 시민들은 이곳에서 정치·경제·종교 활동을 하

*〈벌거벗은 세계사〉 2권을 보세요.

며 서로 교류했어요. 지금은 대부분 무너진 유적뿐인 이곳이 과거 로마인의 생활 중심지였다니 정말 놀랍지요?

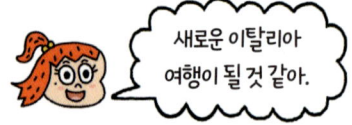

첫 번째 여행지로 이곳을 선택한 이유는, 기독교 탄생 과정을 알려면 당시 로마 제국의 상황도 함께 살펴봐야 하기 때문이에요. 로마 제국은 기독교가 탄생하고 세계로 퍼지는 데 아주 중요한 역할을 했거든요. 자, 그럼 지금부터 기독교가 어떻게 로마 제국에서 탄생하게 되었는지 살펴볼까요?

'팍스 로마나'를 연 초대 황제 아우구스투스

로마의 역사는 기원전 8세기 무렵, 테베레강 근처의 작은 도시 국가에서 시작되었어요. 이후 공화정을 거쳐 점점 강력해진 로마는 기원전 27년, 옥타비아누스가 황제에 오르면서 로마 제국으로 바뀌었어요. 그는 '존엄한 사람'이라는 뜻의 아우구스투스라는 칭호를 받았지요. 카이사르의 양아들이었던 옥타비아누스는 로마 내전을 승리로 이끈 인물로, 정치·군사·종교 권력을 모두 쥔 강력한 지도자였어요. 이때부터 로마는 최고의 황금기에 접어들었지요.

이 무렵 로마 제국은 이탈리아반도와 지중해 지역을 비롯해,

북아프리카와 이집트, 소아시아까지 차지하고 있었어요. 이후 정복 전쟁을 통해 영토를 더 넓히며 강력한 대제국으로 성장했지요. 아우구스투스의 통치를 시작으로 약 200년간 평화와 번영을 누린 시기를 '팍스 로마나'라고 부른답니다. 즉 '로마의 평화'라는 뜻이지요.

제국의 안팎으로 평화가 찾아오자, 아우구스투스는 수로와 다리, 목욕탕, 경기장 등을 세우며 로마를 더욱 웅장한 도시로 바꾸었어요. 로마의 중심지였던 포로 로마노에는 아우구스투스 개선문과 카이사르 신전, 베스타 신전 등이 들어섰고, 오늘날까지 남아 있는 건물도 있어요. 아우구스투스는 이런 업적에 대해 "벽돌로 된 도시를 물려받아 대리석으로 된 도시를 넘겨주었다"라고 자랑하기도 했어요.

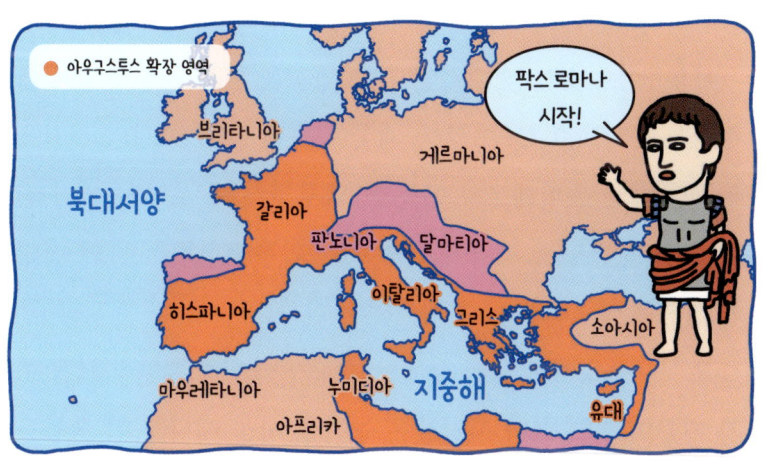

아우구스투스가 확장한 로마 제국의 영역 ↑

하시만 로마 제국이 위대한 제국으로 불리는 건 단지 넓은 땅이나 멋진 건축물 때문만은 아니에요. 그 핵심은 바로 포용과 관용에 있지요. 로마는 정복한 지역의 사람들에게 로마 제국의 시민권을 주고, 문화와 제도를 그대로 인정해 주었어요. 실제로 로마의 최고 권력 기관인 원로원 의원들 가운데 절반 이상이 정복지 출신이었고 심지어 황제까지도 정복지 출신이 있었지요.

이처럼 로마 제국은 세계사에 등장했던 그 어떤 제국보다 다양성과 개방성을 인정한 열린 사회였어요. 그중에서도 가장 대표적인 예가 바로 '종교'였답니다.

다신교 사회였던 로마 제국

아우구스투스는 대대적인 건축 활동을 펼치며 신전 복구에 정성을 쏟았어요. 그는 로마 제국 곳곳에 무려 82개의 신전을 복구했는데, 유피테르와 아폴로, 넵투누스 등 로마의 여러 신을 모신 신전도 포함되어 있었어요. 아우구스투스는 왜 이렇게 신전을 복구하는 데 진심이었던 걸까요?

그 이유는 로마인들의 삶에서 종교가 매우 중요한 역할을 했기 때문이에요. 로마 사람들은 농사를 지을 때나 직업 활동을 할 때, 다른 나라와 전쟁을 할 때, 심지어 시를 쓰거나 집안일을 할 때 등 일상의 거의 모든 일에 신의 도움이 필요하다고 생각했어요. 특히 농사와 관련해서는 땅속의 씨앗을 지키는 신, 과일을 지키는 신, 곡식을 지키는 신이 따로 있을 정도로 신의 역할이 다양했답니다. 그래서 한 사람이 수십 명의 신을 섬기는 게 자연스러웠지요.

또한 로마 제국에는 '신 초대하기'라는 독특한 관습도 있었어요. 정복 전쟁을 앞두고 다른 나라 종족의 수호신을 초대하는 의식을 치른 뒤, 그 수호신을 위한 신전을 세우고 정성껏

섬겼지요. 다른 나라의 신이라고 해도 그 신이 도와주지 않으면 전쟁에서 이기기 힘들다고 믿었던 거예요. 그래서 정복 전쟁으로 영토를 넓힐 때마다 로마에는 새로운 신이 유입되었어요. 그리스와 이집트, 페르시아 등의 여러 신들 역시 신 초대하기 관습을 통해 로마 사회에 들어와 자리 잡았지요.

로마 제국이 이렇게 다른 나라의 신과 종교를 받아들인 건 정복지 사람들의 지지를 끌어내기 위한 목적도 있었어요. 거대한 제국을 효과적으로 관리하기 위해 정복자의 문화를 존중하고 판테온이라는 여러 신을 모시는 신전도 만들었죠.

전통적으로 다신교 사회였던 로마 제국에서는 자신들이 원래 믿던 신화 속 신과 외부에서 초대한 신 외에 또 다른 신을 섬기기도 했어요. 그 신은 바로 로마 제국의 황제였어요.

아우구스투스는 자신의 양아버지인 카이사르를 신으로 모시고, 포로 로마노에 카이사르를 위한 신전을 만들었어요. 신의 아들이 된 아우구스투스를 위한 신전도 제국 곳곳에 세워졌고, 로마 사람들은 황제에게 충성하게 되었답니다.

↑ 카이사르 신전

예수의 탄생과 유대 지도자의 배척

아우구스투스가 다신교를 적극적으로 장려하면서 로마 제국의 황금기를 열어 가던 무렵, 로마 제국 안에는 유일신을 믿는 유대교도 들어와 있었어요. 유대교는 천지의 창조자 '야훼'를 유일한 신으로 섬기며 언젠가 메시아, 즉 하느님이 보낸 구원자가 나타날 것이라고 믿는 종교예요.

유대인들은 하느님 외에 다른 신은 인정하지 않았기 때문에 로마 제국의 황제 역시 신으로 인정하지 않았어요. 그래도 황제의 권리는 인정했기에 황제를 위해 기도하고, '유대인 세'라는 특별한 세금도 냈지요. 로마 제국은 이런 유대인들에게 군

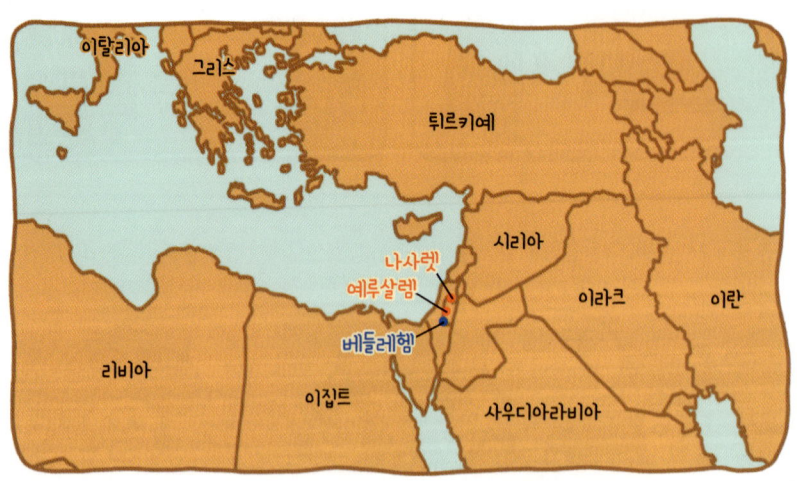

복무를 면제해 주고, 유대교에서 정한 쉬는 날에는 편히 쉴 수 있도록 보장해 주었어요. 덕분에 유대교는 로마 제국 안에서 합법적인 종교로 자리 잡을 수 있었어요.

그리고 바로 이 무렵, 나사렛에 사는 유대인 중 요셉이라는 사람이 아내인 마리아와 함께 그들의 고향, 베들레헴으로 향하고 있었어요. 당시 마리아는 곧 아기를 낳을 예정인 만삭의 몸이었는데요, 여기서 퀴즈!

요셉과 마리아는 아우구스투스 황제의 명령 때문에 베들레헴으로 가게 됐어요. 그 명령은 무엇이었을까요?

내 생각엔 영토를 개척하라는 명령이었을 것 같아. 이미 로마 제국 땅이긴 하지만 여러 사람이 정착해서 살 만한 땅인지 한번 알아보려는 거지. 선발대 느낌으로!

 이 이야기, 할아버지께 들은 적 있어요! 아우구스투스 황제가 인구 조사를 하라고 명령했기 때문이죠?

 헤헤, 맞아. 성경에 나오는 이야기잖아.

정답! 그 무렵 아우구스투스 황제는 로마 제국 전역에 인구 조사를 실시하라는 명령을 내렸어요. 그래서 로마 제국의 모든 백성은 호적을 등록하기 위해 고향으로 떠나야만 했죠. 이때 요셉과 마리아도 인구 조사에 참여하기 위해 만삭의 몸을 이끌고 고향인 베들레헴으로 갔던 거예요. 아우구스투스가 인구 조사를 했다는 사실은 《아우구스투스 업적록》에도 기록되어 있답니다.

아우구스투스의 인구 조사 명령으로 많은 사람이 베들레헴에 몰려들었어요. 여관은 이미 가득 차서, 요셉과 마리아는 마구간에 머물 수밖에 없었지요. 그곳에서 마리아는 아기를 낳았고, 그 아기가 바로 우리가 알고 있는 '예수'예요.

예수는 모든 사람이 존중받고 서로 사랑하는 하느님의 나라를 만들자는 가르침을 세상에 널리 전파했어요. 그 과정에서 물을 포도주로 바꾸고, 병든 사람을 치료하고, 눈먼 사람의 눈을 뜨게 하는 등 많은 기적을 행했다고 알려져 있어요. 이런 가르침과 기적을 보고 많은 사람이 예수를 메시아라고 믿으며 따르기 시작했지요.

그런데 유대 지도자들은 예수를 메시아로 인정하지 않았어요. 예수를 메시아로 인정하면 유대인들이 하느님의 나라를 만들고 싶어질 수 있고, 그러면 로마 제국의 군대가 와서 유대의 땅을 쑥대밭으로 만들까 봐 걱정했기 때문이에요. 게다가 예수는 유대인들이 목숨처럼 지키던 율법˚과 안식일에 얽매이지 말라고 가르쳤어요. 당시 유대인들은 안식일˚을 전

> **율법**
> 하느님이 유대 백성에게 명령한 생활 관습, 종교 관습 등의 규정.

쟁 중에도 지킬 만큼 중요하게 여겼는데, 예수는 그런 전통이 오히려 백성의 삶을 어렵게 만든다고 비판했거든요. 이 때문에 유대 지도자들과 예수를 메시아라고 믿는 사람들과의 갈등이 깊어졌지요.

> **안식일**
> 유대교에서 중요하게 여기는 기념일. 이날은 모든 일을 하지 않고 휴식을 취한다.

또 예수는 하느님의 나라가 오면 성전이 무너지고 새로운 세상이 열린다고도 했어요. 종교 의식과 제사를 행하는 성전이 없어진다는 건 유대교 사제들이 설 자리가 없어진다는 뜻이었

어요. 그래서 유대 지도자들은 자신들의 이익을 침범하는 예수를 두고 볼 수 없었던 거예요.

예수의 죽음과 기독교의 전파

유대인들은 자치 기구를 통해 범죄자를 처벌할 수 있었지만, 사형은 오직 로마 총독만이 선고할 수 있었어요. 그래서 유대 지도자들은 예수를 로마 총독인 빌라도에게 고발했지요. 자신을 메시아라고 부르며 백성을 혼란에 빠뜨리고 신을 모독한다는 죄목으로요. 빌라도는 법정에 끌려온 예수에게 물었어요.
"그대가 유대인의 왕인가?"

빌라도가 군중들에게 예수를 가리키는 모습을 묘사한 그림 ↑

유대 지도자들이 이미 자신을 죽이려 한다는 걸 알고 있었던 예수는 굳이 해명하지 않았어요. 결국 빌라도는 예수에게 반역죄를 물어 십자가형을 선고했어요. 십자가형은 죄인을 십자 모양의 나무에 못을 박아 매다는 형벌로, 로마 제국에서는 반란을 일으킨 자에게 내리는 가장 끔찍한 형벌이었지요.

하지만 예수가 죽은 이후에도 그의 가르침은 사라지지 않았어요. 예수의 제자들은 예수가 부활하여 머지않아 세상을 심판하러 올 것이라 믿었어요. 그래서 예수를 메시아로 믿고 따르는 새로운 종파를 만들었고, 기독교가 탄생하게 된 거예요.

예수가 죽은 후, 지금의 팔레스타인 지역인 예루살렘, 나사렛, 베들레헴 등의 도시와 소아시아 지역을 중심으로 기독교

↑ 베드로와 바울의 선교 활동과 기독교 전파

예수에게 천국의 열쇠를 받는 베드로

교회가 세워졌어요. 가장 대표적인 선교 활동가는 예수의 열두 제자 중 한 명인 베드로와 예수의 가르침을 가장 멀리 전한 전도사 바울이었지요.

베드로는 예수로부터 천국의 문을 여는 열쇠를 받았다고 알려진 인물이에요. 여기서 열쇠는 어떤 일을 할 수 있는 권위와 능력을 상징한다고 해석해요. 그래서 로마 교회에서는 이를 근거로 베드로를 초대 교황으로 여긴답니다.

기독교는 유럽 곳곳으로 퍼져 나갔고, 다신교 사회였던 로마 제국에서도 기독교를 믿는 사람이 점점 많아졌어요. 그런데 64년 무렵, 로마에서 기독교 역사에 엄청난 영향을 미친 사건이 발생했어요. 그 사건에 대해 다음 장소로 가서 알아볼까요?

2장 박해받는 종교가 된 기독교

지금 막 도착한 이곳은 앞서 본 포로 로마노나 콜로세움과 가깝지만, 모르고 지나치기 쉬운 고대 로마의 유적인 '키르쿠스 막시무스'예요. 로마에서 최초로 건설된 전차 경기장이자, 역사상 가장 큰 규모를 자랑하는 운동 경기장이지요.

기원전 50년 무렵, 대대적으로 확장된 이곳은 무려 25만 명을 수용할 수 있는 거대한 오락 시설이었답니다. 당시 로마 인구의 4분의 1이 들어갈 수 있을 정도로 대단한 규모였다고 해요. 로마인들에게 매우 인기가 높은 장소였는데 주로 목재로 지어져 화재에는 약한 건물이었지요.

그런데 이곳은 단순한 경기장이 아니에요. 여기에서 기독교 역사에 큰 영향을 준 대규모 화재 사건이 벌어졌거든요. 무슨 일이 벌어진 것인지 지금부터 그 비밀을 파헤쳐 봅시다.

로마 대화재와 이상한 소문

서기 64년 7월, 로마의 전차 경기장인 키르쿠스 막시무스 근처의 한 상점에서 연기가 피어오르더니 곧 시뻘건 불꽃이 타올랐어요. 불꽃은 주변 상점과 전차 경기장을 따라 빠르게 번졌어요. 강한 바람까지 불면서 불길은 순식간에 로마 시내까지 번졌고, 좁은 골목과 주택, 신전까지 잿더미로 변했지요. 화재는 무려 9일 동안이나 이어졌고, 로마의 14개 구역 중 10곳이 큰 피해를 입었답니다. 그런데 화재가 진압된 뒤, 백성들 사이에서 이상한 소문이 돌기 시작했어요.

"네로 황제가 로마가 불타는 걸 구경하며 노래를 불렀대!"
"직접 불을 질렀다는 얘기도 있어. 쯧쯧."

네로 황제에 관한 이야기를 들어 본 적 있나요? 네로는 폭군

의 대명사라는 별명을 지녔던 황제예요. 어머니인 아그리피나, 동생인 브리타니쿠스, 스승인 세네카 등 많은 친족과 귀족을 나라를 배신한 죄로 몰아 처형했거든요. 로마 제국의 학자이자 정치가였던 플리니우스는 네로를 '인류의 파괴자'이자 '세계의 독약'이라고까지 불렀어요.

하지만 네로가 정치가로서는 꽤 훌륭했다고 해요. 로마 백성들을 위해 곡물 배급을 정비하고, 건축 사업을 벌여 일자리를 만들었지요. 평민들을 위한 축제도 여러 번 열어서 로마 백성들은 네로를 '평민들의 대변자'라고 부르기도 했어요.

반면 귀족들은 네로를 무척 싫어했어요. 네로가 귀족들의 전통과 특별한 권리를 무시하니 탐탁지 않았던 거지요. 그래서

귀족들은 네로 황제를 암살할 음모를 꾸미기도 했어요.

로마 대화재 이후 백성들 사이에서 돌았던 기이한 소문도 사실은 귀족들이 네로를 궁지로 몰아넣기 위해 퍼뜨렸던 것 같아요. 사실 네로는 불이 났던 그 시기에 로마에 있지도 않았거든요. 로마 남쪽에 자리한 안티움이라는 해안 도시에 머물고 있던 네로는 로마에 불이 났다는 소식을 듣고는 급히 돌아와 화재를 진압하기 위해 힘썼다고 해요.

대화재가 일어난 이후 네로는 건물을 지을 때 목재처럼 불에 잘 타는 재료를 쓰지 못하게 하고, 화재가 나면 수로에서 물을 더 많이 가져올 수 있도록 물 낭비도 금지했지요. 또 불길에 파괴된 도시를 위해 건물 재건축 공사를 벌이기도 했어요. 빈민들에게 음식을 나누어 주고, 화재로 집을 잃은 수십만 명의 사람들을 수용하기 위해 공공건물도 개방하기도 했지요.

정치적 희생양이 된 기독교

이런 노력에도 불구하고 네로 황제에 대한 소문은 좀처럼 가라앉지 않았어요. 오히려 불길처럼 빠르게 번져 나갔지요. 궁지에 몰린 네로 황제는 과연 어떤 방법을 썼을까요? 로마의 역사가 타키투스는 《연대기》에 이렇게 기록했어요.

"네로 황제는 불길한 소문을 잠재우기 위해 대중의 미움을 받던 기독교인들에게 죄를 뒤집어씌우고 고문을 가했다."

네로는 로마 대화재의 범인으로 기독교인을 지목했고, 수많은 신자가 방화죄로 체포되어 잔인하게 처형을 당했어요. 십자가형을 선고받거나 불타서 죽거나, 짐승 가죽을 쓰고 사냥개와 싸워야 할 때도 있었어요. 당시 희생된 기독교인은 약 1천 명에 달한다고 해요. 기독교 전파를 위해 선교 활동에 나섰던 베드로와 바울도 이때 목숨을 잃었지요.

그런데 타키투스의 기록에는 기독교인들이 이미 로마 사람들의 미움을 받고 있었다는 내용이 있어요. 기독교의 핵심 사상인 '종말론'과 지나친 선교 때문이었어요. 당시 기독교인들은 세상의 끝이 다가오고, 새로운 하느님의 나라가 열릴 거라고 믿었어요. 로마가 불타자 이를 종말의 징조로 여기며 이렇게 말하고 다녔지요.

세상에……. 로마 사람들은 네로의 말을 믿은 거야?

"이제 곧 하느님의 나라가 열릴 것입니다! 기독교를 믿으면 구원받을 수 있어요!"

하지만 집과 재산을 잃은 사람들에겐 이런 말이 오히려 분노를 불러왔고, 기독교인을 고발하는 일이 이어졌어요. 네로는 이 틈을 타 기독교인을 방

에휴, 불난 집에 부채질한 거네.

↑ 기독교인을 죽이는 네로

화범으로 몰아갔고, 기독교인은 정치적 희생양이 되었어요. 그리고 로마 제국에서 일어난 첫 번째 기독교 박해* 사건이 되었지요.

박해
죄 없는 사람을 못살게 굴어서 해롭게 하는 일.

　네로의 기독교 박해는 짧은 기간 동안 로마 시내에서 벌어진 일이었기 때문에 큰 갈등으로 번지지는 않았어요. 하지만 이 사건을 계기로 황제와 귀족들은 기독교가 유대교와는 다른 종교라는 사실을 깨닫고 '기독교가 유대교와 다르다면 기독교인을 보호할 이유가 있을까?'라는 의문을 품기 시작했어요. 황제를 숭배하지 않는 기독교는 반역이라고 여긴 거지요.

달라도 너무 다른 로마 제국과 기독교

네로 황제 이후 로마 제국은 꾸준히 기독교를 박해했어요. 황제가 바뀔 때마다 박해는 점점 심해지고 체계화되었지요. 가장 큰 이유는 기독교가 황제 숭배를 거부했기 때문이지만, 기독교와 로마 제국의 가치관이 정면으로 충돌했다는 점도 중요한 원인이었어요. 도대체 어떤 충돌이 있었던 걸까요?

고대 사회는 민족별로 공동체를 이루고 살면서 차별이 당연하게 여겨졌어요. 로마 제국도 마찬가지지요. 다른 민족은 동등하게 대하지 않았고, 같은 공동체 안에서도 신분에 따라 전

혀 삶이 달랐어요. 특히 노예는 '말하는 동물'로 불리며 착취를 당했고, 여자아이는 버려지기 일쑤였어요.

하지만 기독교는 모든 인간은 평등하다고 가르쳤어요. 기독교 지도자들은 신분과 민족에 따른 차별을 부정했고, 노예 해방과 남녀평등을 주장했어요. 이것은 로마 제국의 오랜 전통과 정면으로 충돌하는 내용이었지요.

기독교와 로마 제국의 가치관이 서로 충돌하는 가운데, 기독교 박해를 더욱 부추기는 가짜 뉴스가 로마 사회에 널리 퍼지기도 했는데요, 여기서 퀴즈!

Q 로마 제국에서 예수의 희생을 기리는 성찬식과 관련해서 어떤 거짓 소문이 퍼졌을까요?

기독교인들이 모여서 반란을 계획하고 있다는 소문 아닐까? 황제를 암살하려는 음모를 꾸민다거나…….

 날마다 엄청나게 사치스러운 파티를 몰래 열었다고 오해한 거 아냐?

 아쉽지만 모두 땡! 힌트를 하나 줄까요? 성찬식에서 빵과 포도주는 예수님의 몸과 피를 상징한답니다.

 설마 기독교인이 식인을 한다는 소문이 퍼진 거예요?

 정답입니다! 예수는 죽기 전날 저녁에 제자들에게 빵과 포도주를 나눠 주며 "이것은 너희들에게 주는 나의 피와 살이다"라는 말을 남겼다고 해요. 기독교의 성찬식은 예수의 이 '최후의 만찬'에서 유래된 의식인데, 로마 사람들은 예수가 남긴 이 말을 오해해 기독교인들이 진짜 식인을 한다고 생각했던 거예요. 이런 소문 때문에 로마 사람들의 기독교에 대한 편견은 더욱 깊어졌지요.

레오나르도 다 빈치의 〈최후의 만찬〉

게다가 기독교 신자들은 철저한 금욕과 도덕적인 삶을 강조하며, 자신을 돌아보고 남을 돕는 삶을 실천하려 했어요. 반면, 당시 로마 사회는 자유롭고 문란한 분위기였지요. 특히 로마의 남성들은 제약 없이 밤새 술을 마시며 흥청망청 즐기는 삶을 당연하게 여겼어요. 이런 생활을 비판하고 신앙을 받아들이라고 주장하니, 로마인들은 기독교인이 전통을 해치는 존재라고 생각했어요.

로마인들은 기독교인을 '제3의 종족'이라고 부르기도 했어요. 기존의 질서를 모두 거부하는 사악한 집단이라는 뜻이었지요. 이렇게 서로의 가치관이 완전히 달랐기 때문에 로마 사

회 곳곳에서 갈등이 벌어졌고, 기독교가 평등한 세상을 만들고자 할수록 박해는 더욱 심해졌답니다.

불법 종교가 된 기독교

로마 제국의 기독교 박해는 이제 황제 개인의 판단을 넘어서 제도적으로 진행되기 시작했어요. 그 중심에는 13대 황제 트라야누스가 있었어요. 98년부터 117년까지 재위했던 트라야누스 황제는 로마 제국 최전성기의 가장 유능하다고 평가받는 인물이었는데, 기독교를 왜 박해했을까요?

트라야누스 황제 조각상 ↑

112년 무렵, 현재 튀르키예 북부 지역인 비티니아의 총독이었던 소 플리니우스는 기독교인들이 사회 질서를 어지럽힌다는 이유로 고발되자 기독

어린 소 플리니우스의 초상화 ↑

교인들을 박해했어요. 황제 숭배를 거부하고 미신을 맹신한다는 이유였지요. 그 사실이 알려지자 다신교도들은 기독교인을 무더기로 고발하기 시작했고, 감당이 어려워진 소 플리니우스는 트라야누스 황제에게 편지를 보내 도움을 요청했어요. 편지 내용은 다음과 같았지요.

"제 앞에 끌려온 수많은 기독교인을 어떻게 처리하면 좋겠습니까? 저는 지금까지 기독교인에게 세 번을 되물었습니다. 만약 그들이 끝까지 기독교를 믿는다고 고집한다면 저는 그자들을 끌어내 처형하라고 명령했습니다."

이에 대해 트라야누스는 이렇게 답했어요.

"그대의 조치는 참으로 적절하다. 정식으로 고발되어 끝까지 기독교인이라고 자백한 자는 처벌받아 마땅하다. 다만 굳이 그들을 수색해서 잡아들일 필요는 없고, 익명의 고발은 인정하지 말라."

이 말은 기독교를 믿는 것 자체가 사형에 처할 수도 있는 중죄가 되었다는 뜻이었어요. 로마 제국의 황제가 처음으로 기독교를 '불법 종교'로 규정한 순간이었지요.

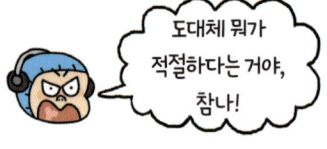

트라야누스의 명령 이후 수많은 기독교인이 고발당했어요. 그들은 황제와 로마의 신을 숭배하고 예수를 저주하며 기독교

인이 아니라는 증거를 보여 주어야 했어요.

하지만 많은 기독교인은 믿음을 꺾기보다 차라리 죽음을 선택했어요. '순교자*의 피는 기독교의 씨앗'이라는 말처럼 순교를 하느님이 천국으로 이끌어 줄 영광스러운 일이라고 여겼기 때문이에요.

> **순교자**
> 자기가 믿는 신앙을 지키기 위하여 목숨을 바친 사람.

하지만 로마 제국의 기독교 박해는 이제 시작일 뿐이었어요. 기독교인들을 기다리고 있는 건 더 혹독한 시련이었지요. 기독교는 어떻게 그 시련을 견뎌내고 박해로부터 벗어날 수 있었을까요? 이 이야기는 다음 여행지, 튀르키예의 이즈미트에서 이어 가겠습니다.

3장 공식 종교가 된 기독교

> 흠, 이즈미트는 처음 들어 보는데?

> 저것도 로마 제국 유적이 아닐까?

> 튀르키예 하면 케밥이지!

이곳은 튀르키예의 항구 도시인 이즈미트예요. 옛날 로마 제국 시대의 이름은 '니코메디아'인데, 동방의 수도로 불릴 만큼 중요한 도시예요. 지금도 로마 유적들이 곳곳에 남아 있지요.

여러분이 보고 있는 이 구조물은 로마 시대의 수도교예요. 수도교는 높은 곳의 물을 도시까지 끌어오기 위해 만든 다리 형태의 수로예요. 로마는 인구가 늘면서 물이 부족해지자, 제국 곳곳에 이런 수도 시스템을 만들었어요.

그런데 니코메디아에 '피의 강'이 흘렀다고 할 만큼 기독교 역사상 가장 혹독한 박해, 즉 '대박해'가 시작되었어요. 303년 무렵, 이전과는 비교할 수 없을 정도로 오랜 기간 동안 잔혹한

박해가 이어졌지요. 지금은 평화로운 이 도시에서, 당시엔 무슨 일이 벌어졌던 걸까요?

사분 지배 체제와 디오클레티아누스

↑ 디오클레티아누스의 얼굴이 새겨진 동전

로마 제국의 기독교 대박해를 이끈 인물은 디오클레티아누스였어요. 284년 디오클레티아누스가 황제의 자리에 올랐을 때, 로마 제국은 정치적으로 매우 혼란스러운 시기였어요. 50년 동안 무려 26명의 황제가 있었고, 그중 25명이 쿠데타나 전쟁, 암살로 목숨을 잃었기 때문이에요. 이렇게 군대가 황제를 마음대로 바꾸던 시기를 '군인 황제 시대'라고 해요.

이런 위기의 시대에 등장한 인물이 디오클레티아누스 황제였어요. 혼란을 끝내기로 결심한 디오클레티아누스는 정치 체제를 개혁했어요. 먼저 로마 제국을 넷으로 나누는 사분 지배 체제를 만들었지요. 로마 제국을 동방과 서방으로 나누고, 동

황제가 스스로 권력을 나눈 거야? 대단한데?

방은 자신이, 서방은 가장 신임하는 부하 장군인 막시미아누스에게 맡겼어요. 이때 디오클레티아누스는 니코메디아, 지금의 이즈미트를 동방 수도로 삼았고, 동방과 서방을 다시 한번 나눈 다음, 각 지역에 부황제를 한 명씩 더 임명했어요. 이렇게 두 명의 황제와 두 명의 부황제, 총 네 명이 제국을 나누어 다스리는 체제가 만들어졌답니다.

 디오클레티아누스가 개혁을 한 이유는 로마 제국의 광대한 영토를 더 효율적으로 관리하기 위해서였어요. 각 지역에서 일어나는 전쟁이나 반란에 빠르게 대응하기 어려운 상황이 계속되자, 여러 명이 책임을 나눠 갖는 체제가 더 낫다고 판단한 거지요. 또 황제들이 나중에 권력을 놓고 다투는 일을 막기 위해 두 명의 부황제를 두어 안정적인 권력 장치를 만들었어요.

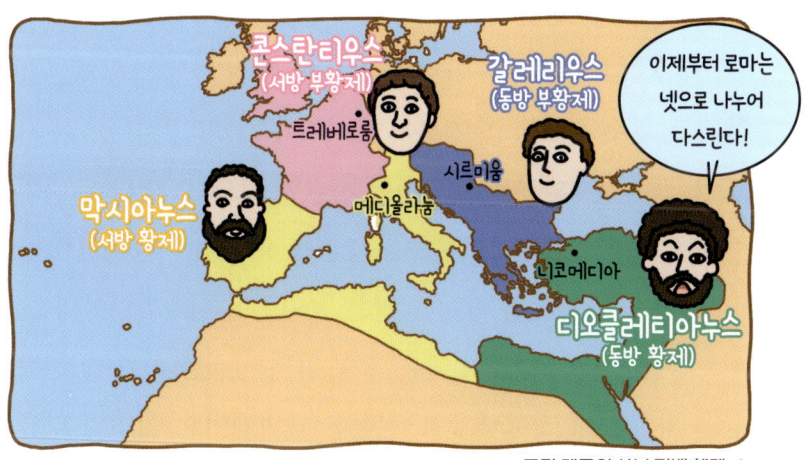

로마 제국의 사분 지배 체제 ↑

기독교의 병역 거부와 대박해

디오클레티아누스 황제는 정치 개혁으로 로마 사회를 안정시켰지만, 얼마 지나지 않아 기독교를 혹독하게 박해하기 시작했어요. 기독교인이 제국을 무너뜨릴 수 있다며 교회를 부수고, 수많은 기독교인을 잡아들였지요. 그런데 처음엔 디오클레티아누스도 기독교에 우호적이었어요. 기독교인을 관직에 등용하거나 황제를 모시는 궁전 시종으로 삼기도 했고, 로마 신을 위한 의식을 강요하지도 않았어요. 그랬던 디오클레티아누스가 돌변한 계기는 기독교인들의 병역 거부였어요.

아니, 그렇다고 해서 그렇게까지 괴롭힐 일이야?

당시 로마 제국은 게르만족과 페르시아의 침입으로 외적의 위협에 시달리고 있었어요. 황제들이 적들에게 포로로 잡히거나 전쟁에서 사망하는 일도 있었지요. 군대는 제국의 생존을 지키는 필수 요소였고, 정복과 방어가 곧 국가의 힘이었던 시대였어요. 하지만 기독교인들이 사람을 죽일 수 없다며 병역을 거부하자, 디오클레티아누스는 이를 용납할 수 없었지요.

303년 2월, 황제의 명령을 받은 군인들이 니코메디아의 교회로 쳐들어갔어요. 군인들은 교회 안의 장식물과 가구, 성경 등을 닥치는 대로 불태우고, 건물을 파괴했어요. 그리고 다음

날, 기독교 탄압을 명령하는 공식 칙령˙이 내려졌어요.

칙령
황제가 직접 내린 명령.

"모든 교회를 부수고 성경을 불태운다. 기독교 신앙을 계속 믿으려 하는 자가 있다면 자유를 박탈할 것이다."

이 칙령은 기독교인을 제도권 밖으로 몰아내려는 조치였어요. 하지만 이후 기독교의 반발이 커지자, 황제는 기독교 모임까지 금지하고 어길 경우 고문, 강제 노역, 사형에 처한다는 추가 칙령을 내렸어요.

이 탄압은 305년에 디오클레티아누스가 동방의 부황제였던 갈레리우스에게 황제의 자리를 물려준 이후에도 계속되었고, 갈레리우스는 훨씬 더 혹독하고 잔인한 방식으로 박해를 이어 갔어요. 갈레리우스는 기독교인을 바다에 던지고 콜로세움 같은 경기장에서 공개 처형하기도 했어요. 하루에 100명이 넘게 희생되기도 했고, 로마인들은 이런 모습들을 마치 축제처럼 즐기기도 했지요.

그런데 이 박해는 뜻밖에도 정반대의 효과를 가져왔어요. 잔인하게 박해받는 기독교인을 보며 동정심을 느끼는 로마인들이 늘었고, 기독교인을 처벌해야 하는 관리들도 마음의 갈등을 겪게 된 거예요.

당시 기독교 인구는 계속 늘고 있었고, 동방 지역에서는 다섯 명 중 한 명이 기독교 신자였어요. 기독교인을 탄압하는 건 제국을 지키는 일이 아니라 분열시키는 일이 되어 버렸지요. 결국 갈레리우스는 죽기 직전, 자신이 내렸던 칙령이 잘못된 것임을 인정하고 기독교 박해를 중단하라고 명령했답니다. 로마 제국은 어떻게든 기독교를 억누르려 했지만, 기독교인들은 신념을 지키며 폭력에 맞서 싸웠지요.

기독교를 인정한 콘스탄티누스 황제와 밀라노 칙령

이후 로마 제국의 기독교 박해에 마침표를 찍은 인물이 등장했어요. 바로 콘스탄티누스 황제예요. 305년, 서방 황제인 막시미아누스가 물러난 뒤, 부황제였던 콘스탄티우스가 서방의 황제가 되었어요. 하지만 오래 지나지 않아 병으로 세상을 떠났고, 아들인 콘스탄티누스가 황위를 이어받았지요.

콘스탄티누스 황제 ↑

하지만 곧 로마 제국엔 다시 권력 다툼이 일어났어요. 자신이 황제가 되지 못한 것에 불만을 품고 반란을 일으킨 막시미아누스의 아들인 막센티우스가 자신을 황제라 칭하며 군대를 이끌고 이탈리아와 북아프리카 일대를 장악한 거예요.

막센티우스의 반란을 막기 위해 나선 사람은 콘스탄티누스였어요. 312년, 콘스탄티누스는 알프스를 넘어 이탈리아 로마로 진격했어요. 막센티우스는 밀비우스 다리 앞에서 콘스탄티누스를 기다리고 있었지요.

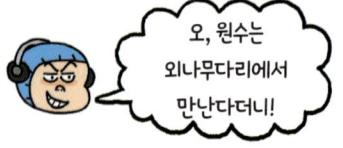
오, 원수는 외나무다리에서 만난다더니!

밀비우스 다리 전투를 앞둔 콘스탄티누스에 대해 한 가지 특별한 이야기가 전해져요. 전투 전날 밤, "이 표시를 새기고 싸우면 승리할 것이다"라는 꿈을 꾸었다고 하는데, 꿈에서 본 표시는 고대 그리스어로 예수 그리스도를 뜻하는 'XP'라는 문양이었어요. 그는 실제로 병사들의 투구와 방패에 이 문양을 새긴 뒤 전투에 나섰고, 이 전투에서 크게 승리했지요. 이 이야기는 훗날 기독교를

↑ 콘스탄티누스 황제의 꿈을 묘사한 그림

공인하게 되는 계기를 설명할 때 자주 등장해요. 하지만 오늘날에는 콘스탄티누스가 이미 기독교 신자들이 늘어나고 있었던 시대 흐름을 읽고, 갈등을 줄이기 위해 기독교를 받아들였다고 보는 시각도 있답니다.

이후 313년, 콘스탄티누스는 동방의 또 다른 황제인 리키니우스와 함께 '밀라노 칙령'을 발표했어요. 이 칙령의 대표적인 내용은 무엇이었을까요?

"이전에 기독교 신자에게 가한 모든 규제를 철폐한다. 우리는 이제 기독교 신자들에게 완벽한 종교의 자유를 주겠다."

이 칙령으로 기독교는 합법 종교로 인정받았고, 로마 제국의 기독교 박해는 끝이 났어요. 콘스탄티누스 황제가 기독교를 공인한 이유는 밀비우스 다리 전투의 영향뿐만이 아니었어요. 이미 제국 전역에 많아진 기독교 신자를 무력으로 억누르기보다는 협력하는 게 더 낫다고 생각했던 거지요.

로마의 국교가 된 기독교

콘스탄티누스가 기독교를 공인한 뒤, 로마 제국은 기독교를 위한 정책을 적극적으로 펼쳤어요. 성직자들의 부역을 면제해 주고, 교회에 많은 돈을 기부했으며, 가난한 사람과 병자, 여행

자를 돕는 복지 기구도 만들었어요. 성경을 보급해 기독교의 가르침이 퍼지도록 지원하기도 했어요.

321년, 콘스탄티누스는 일요일을 로마 제국의 공식 휴일로 지정했어요. 기독교에서는 일요일에 예배를 드리는 전통이 있었기 때문이에요. 이 결정 덕분에 모든 사람이 일주일에 하루는 쉴 수 있게 되었고, 지금도 전 세계에서 널리 이어지고 있답니다.

일부 학자들은 콘스탄티누스가 죽기 직전 세례를 받고 기독교인이 되었다고 주장해요. 정말 신자가 되었는지는 의견이 갈리지만 콘스탄티누스가 기독교를 공인하고 후원한 것만은

분명해요. 이로 인해 기독교는 로마 제국에서 가장 큰 영향력을 가진 종교로 성장할 수 있었어요.

392년, 테오도시우스 황제는 기독교를 로마 제국의 '국교'로 선포했어요. 이는 기독교 외의 모든 종교를 불법으로 만든 것이었지요. 로마 제국은 다신교에서 순식간에 기독교 국가로 바뀌었어요. 테오도시우스는 기독교 외 종교를 금지하는 엄격한 칙령도 내렸어요. 그 결과, 수많은 신전이 문을 닫고 다신교의 의식과 행사도 모두 중단되었지요. 여기서 퀴즈!

로마 제국의 테오도시우스 황제가 기독교를 국교로 선언하면서 금지한 이교도의 행사는 무엇일까요?

로마 사람들이 좋아하던 파티가 금지된 거 아닐까? 금욕 생활을 강조하는 기독교인들이 보기엔 신나게 먹고 마시는 모습이 싫었을 것 같아.

나는 검투 경기나 전차 경주 같아.
기독교는 병역도 거부할 정도로 싸우는 걸 싫어했잖아.

나도 차연이 의견에 한 표!
사람을 마구 죽이는 이런 행사를
허용했을 리 없어.

오, 아깝습니다! 실제로 당시 검투 경기에 대한
비판도 있었고 나중엔 금지되기도 했지만, 정답은
아닙니다.

아, 알겠다! 교수님, 혹시 올림픽 아닌가요?
올림픽이 지금은 운동회지만,
원래는 종교 행사 같은 거였다고 들었거든요.

강하군 정답! 고대 올림픽은 원래 유피테르 신을
숭배하기 위한 종교 행사였어요. 당시엔 '올림피아
제전'이라고 불렀죠. 로마 사람들은 신에게 제사를 지낸
후 달리기나 원반던지기, 창던지기 등을 하며 여흥을
즐겼답니다. 하지만 로마 제국 내 모든 다신교의 전통
종교 행사나 의식이 금지되면서 393년에 개최된 293회
올림픽을 마지막으로 올림피아 제전은 더 이상 열리지
못했지요.

이후 기독교 신자들은 무리를 지어 다니며 델포이 신전 같은 다신교 신전을 부수고, 판테온을 교회로 바꾸었어요. 다신교를 믿는 사람을 고발하는 일까지 벌어졌지요. 결국 로마 제국에서 기독교를 제외한 모든 종교는 자취를 감췄고, 로마인이라면 누구든 기독교 신자가 되어야 했어요.

테오도시우스 황제가 이렇게 기독교의 국교화를 강하게 밀어붙일 수 있었던 건, 이미 로마 제국 인구의 80퍼센트가 기독교 신자였기 때문이에요. 기독교는 어느새 박해받던 종교에서 박해하는 종교가 되어 있었지요.

> 그렇게 당해 놓고 똑같은 짓을 하는 거야?

로마 제국처럼 강력한 나라가 기독교를 국교로 삼자, 기독교는 유럽 전역으로 퍼졌어요. 390년대 이후 유럽 사람들은 기독교의 가르침에 따라 배우고 행동했어요. 기독교 교리에 어긋나는 행동은 허용되지 않았어요.

이렇게 기독교는 유럽을 넘어 세계사의 흐름까지 좌우하는 종교로 자리 잡았어요. 하지만 기독교도 시간이 흐르면서 조금씩 타락하기 시작했답니다. 그럼 다음 여행지인 바티칸 시국으로 떠나 볼까요?

HISTORY AIRLINE

2부
교황의 탐욕과 종교 개혁

FROM ITALY　　TO VATICAN CITY STATE

Boarding Pass

❶ 막강한 권력을 손에 쥔 교황
❷ 타락한 '신의 대리인'
❸ 면벌부 판매와 종교 개혁

이탈리아
바티칸 시국

국가명	바티칸 시국
수도	바티칸
민족	이탈리아인, 스위스인 등
먹을거리	이탈리아 음식
종교	로마가톨릭교
언어	라틴어, 이탈리아어

세계사
- 카노사의 굴욕 1077년
- 십자군 전쟁 시작 1096년
- 아비뇽 유수 1309년
- 유럽, 흑사병 유행 1347년

한국사
- 1097년 고려 국청사에 천태종 설립
- 1101년 고려 승려 의천 사망

기독교가 유럽 사람들의 세계관을 지배하면서 크게 성장하자, '신의 대리인'이라 불리며 기독교를 이끌었던 교황의 권력도 점점 강해졌어요. 특히 중세 시대에 들어서면서 교황은 종교 지도자인 동시에, 세속적인 지배자 역할까지 하며 막강한 영향력을 행사했어요. 문제는 이 무렵의 교황들은 자신들의 권위와 권력을 유지하기 위해 세속적인 탐욕을 추구하는 일도 서슴지 않았다는 거예요. 지금부터 유럽 사회를 발칵 뒤집어 놓았던 교황 이야기를 알아보러 떠나 봅시다.

구텐베르크 금속 활자 발명 1450년

성 베드로 대성당 건축 시작 1506년

루터 95개조 반박문 발표, 종교 개혁 시작 1517년

1377년 《직지심체요절》 금속 활자본 간행

1396년 조선 도교 관청 소격전 설치

1466년 소격전, 소격서로 개칭

1518년 소격서 일시적 폐지

1장 막강한 권력을 손에 쥔 교황

여기는 전 세계 가톨릭의 성지이자 교황청이 있는 바티칸 시국이에요. 이탈리아의 로마 안에 있는 이 나라는 지구상에서 가장 작은 독립 국가예요. 그 면적은 여의도의 6분의 1 크기에 불과하고, 성 베드로 광장에서 조금만 벗어나도 바로 로마의 땅이 시작될 정도로 작답니다.

공중에서 바라본 성 베드로 광장은 중앙 오벨리스크를 중심으로 반원을 그리는데, 가만 보면 열쇠 모양을 닮았다는 걸 알 수 있어요. 이 열쇠는 베드로가 예수로부터 받았다고 전해지는 천국의 열쇠를 상징한답니다.

바티칸은 현재 교황이 거주하고 있는 곳이기도 해요. 교황은 전 세계 약 14억 명 가톨릭 신자의 최고 지도자이며, 한 사람만 오를 수 있는 특별한 지위에이에요. 오늘날 교황은 종교를 넘어 평화를 전하는 중재자 역할로도 존경받고 있지요. 하지만 중세 유럽

바티칸을 지키는 근위대 ↑

의 교황은 지금과 달랐어요. 당시 교황은 기독교 역사상 가장 강력한 권력을 지닌 존재였고, 황제조차도 고개를 숙여야 할 만큼 대단했어요. 그리고 그 권력의 중심지가 바로 이 바티칸이었어요. 이제부터 교황의 힘은 어디서 시작되었는지 살펴보도록 해요.

교황 권력의 중심지가 된 바티칸

앞에서 말했듯, 기독교는 한때 로마 제국의 박해를 받았어요. 그래서 기독교인들은 자신들을 이끌 지도자가 필요하다고 생각했어요. 그래서 예수의 제자인 베드로를 초대 교황으로 삼았어요. 베드로가 바티칸 일대에서 순교했다는 믿음 때문에, 로마 주교가 지역을 책임지는 교황을 맡기로 했지요.

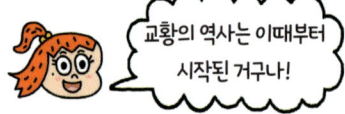
교황의 역사는 이때부터 시작된 거구나!

로마 제국이 기독교를 국교로 삼자, 유럽 각국도 기독교를 받아들였고, 교황의 영향력도 자연스럽게 커졌어요. 하지만 이때까지만 해도 교황은 주로 종교적인 역할을 맡았지요.

9세기 이후, 황제와 귀족들이 교회에 막대한 재산을 기부하며 상황이 바뀌었어요. 니콜라오 1세는 "교황의 권위는 모든 교회와 국가보다 위에 있다"라고 선언했고, 교황은 황제보다도 더 강력한 권력을 행사하게 되었어요.

특히 '왕에게 신의 이름으로 왕권을 부여하는 권한'은 교황의 가장 큰 힘이었어요. 왕들은 교황 앞에 무릎을 꿇고 왕관을 받아야만 정식으로 왕이 될 수 있었지요. 교황은 왕이 마음에 들지 않으면 교황이 집행하는 대관식을 차일피일 미루며 왕의 애를 태우기도 했어요.

또한 교황은 '교황령'이라는 땅도 직접 다스릴 수 있었어요. 이곳은 교회의 소유였지만 임기 동안 교황이 통치했고, 여기서 거둬들이는 세금은 교황의 주요 수입원이 되었지요.

대관식을 묘사한 그림 ↑

11세기 말에 시작된 십자군 전쟁은 교황의 권력을 더욱 키웠어요. 전쟁에 참여한 영주나 기사들이 죽으면서 재산을 교회에 양도했고, 부자들은 천국에 가기 위해 엄청난 기부금을 바쳤어요. 교회는 전쟁 세금도 걷었는데, 유럽 전역에서 들어온 세금과 헌금은 모두 바티칸으로 모였답니다. 일부 교황은 이 재산을 자식에게 몰래 물려주기도 했어요. 원래 성직자는 아내와 자식을 둘 수 없었지만, 이 의무는 잘 지켜지지 않았어요. 교황들은 교황령의 일부를 자식에게 떼어 주거나, 교회의 재산을 물려주는 방식으로 부를 축적했지요. 또 교황에게 맹목적으로 충성하는 군대로 생겨났어요.

> **십자군 전쟁**
> 11세기 말부터 200년 가까이 이어진 이슬람 세력과 기독교 세력 간의 전쟁.

카노사의 굴욕

중세 시대 교황의 힘이 얼마나 강력했는지를 보여 주는 대표적인 사건이 바로 '카노사의 굴욕'이에요. 교황은 왕을 인정하는 권한 외에 파문할 권한도 가지고 있었어요. 파문은 신자의 자격을 빼앗아 내쫓는다는 뜻이었어요. 신의 시대였던 중세에 교황이 왕을 파문하면, 그 나라 전체가 기독교 국가로서 인정받지 못하는 것과 같았지요.

파문은 축구의 레드카드랑 비슷하네.

중세 유럽인들은 교회의 축복 없이는 지옥에 간다고 믿었기 때문에, 파문은 왕뿐 아니라 백성에게도 큰 충격이었어요. 왕에게 반기를 드는 세력도 생겨날 수 있었고, 외부의 침입 위험까지 커질 수 있었지요. 그러니 왕들은 교황과 좋은 관계를 유지하려고 노력할 수밖에 없었어요.

그런데 11세기, 교황의 권위에 정면으로 맞선 인물이 있었어요. 바로 신성로마제국의 황제인 하인리히 4세였어요. 당시 각 나라의 황제에겐 자신이 다스리는 영토의 고위 성직자를 임명할 수 있는 권한이 있었어요. 하지만 1075년 12월 당시 교황이었던 그레고리오 7세는 교회를 개혁한다는 핑계로 "앞으로 모든 성직자는 오로지 교황만이 임명할 수 있다"라고 선언

했어요. 이에 하인리히 4세가 반발하자 그레고리오 7세는 그를 파문했어요. 게다가 하인리히 4세를 돕는 귀족이나 성직자들까지 모두 파문하겠다고 강력하게 경고했지요. 하인리히 4세는 파문에 이어진 내부 반발과 혼란에 직접 마주해야 했어요.

1077년 겨울, 교황에게 직접 용서를 빌기로 결심한 하인리히 4세는 어린 아들과 부인, 몇몇 신하만 데리고 눈 덮인 알프스를 넘어 교황이 머물던 카노사로 향했어요. 하지만 교황이 사흘간 성문 밖에 세워 두고 일부러 만나 주지 않자, 결국 하인리히 4세는 맨발로 무릎을 꿇고 눈물로 용서를 구했지요.

이 장면은 교황의 권위 앞에 황제가 무릎 꿇은 사건으로, '카노사의 굴욕'이라는 이름으로 전해져요. 이 시기의 교황은 황제조차 흔들 수 있을 만큼 절대적인 권력을 가졌고, 유럽에선 이런 말까지 있었답니다.

"교황은 태양이고, 황제는 달이다!"

카노사의 굴욕을 묘사한 그림

아비뇽 유수 사건

'영원한 권력은 없다'라는 말이 있죠? 수백 년간 막강했던 교황의 권위에도 큰 변화가 찾아왔어요. 그 계기가 된 사건이 바로 '아비뇽 유수'예요. 유수는 '잡아 가둔다'라는 뜻인데, 1309년 프랑스의 국왕인 필리프 4세가 교황청을 이탈리아 로마에서 프랑스 남부의 아비뇽으로 옮긴 사건을 말해요.

14세기 무렵, 강력한 왕권을 세워 가던 프랑스의 국왕 필리프 4세는 당시 교황이었던 보니파시오 8세와 대립했지요. 국왕의 권력이 커지니 아무래도 교황과 사이가 나쁠 수밖에 없었겠지요. 이런 상황에서 필리프 4세는 당시 가장 부유했던 세력 중 하나인 성직자에게 세금을 거두기 시작했어요. 이에 발끈한 교황은 필리프 4세는 물론 세금을 내는 성직자까지 모조리 파문하겠다고 위협했어요.

하지만 이번에는 카노사의 굴욕 때와는 상황이 달랐어요. 필리프 4세의 측근은 자신의 병사들을 이끌고 교황이 머물던 이탈리아의 아나니 별장으로 쳐들어갔어요. 그리고 교황을 마구 구타하고 감금하는 일까지 벌였어요. 이 일로 충격을 받은 교황은 한 달 후 세상을 떠나고 말았어요.

아비뇽 교황청 ↑

　그 후, 프랑스 출신의 클레멘스 5세가 새 교황이 되자, 필리프 4세는 1309년에 교황청을 프랑스 남부의 아비뇽으로 옮겼어요. 그 결과 교황들은 약 70년간 아비뇽에 꼼짝없이 머물며 왕의 영향력 아래 놓였어요. 이게 바로 '아비뇽 유수'예요.

　이 사건은 단순히 교황의 거주지가 바뀐 게 아니라, 국왕과 교황의 권력관계가 완전히 뒤집혔다는 뜻이에요. 프랑스 국왕이 교황청을 자기 손안에 넣은 것이나 마찬가지였거든요.

아비뇽 유수 사건 이후로 교황은 점점 힘이 약해졌어요. 로마에서는 아비뇽의 교황을 인정할 수 없다며 또 다른 교황을 뽑기도 했고, 심지어 교황 세 명이 서로 자신이 진짜 교황이라며 다투기도 했답니다.

이 와중에 14세기 중반엔 흑사병까지 발생했어요. 흑사병은 빠르게 유럽 전역으로 퍼지는 바람에 당시 유럽 인구의 약 3분의 1이 흑사병에 걸려 목숨을 잃었어요. 충격과 공포에 빠진 사람들은 이런 참혹한 상황에서도 아무런 힘을 쓰지 못하는 교황과 교회를 보며 실망하고 분노했답니다.

더 이상 가만히 있을 수 없었던 기독교는 교황과 교회의 권위를 다시 세우기 위해 1414년에 '콘스탄츠 공의회'를 개최했

흑사병 당시 피렌체의 모습 ↑

어요. 무려 10만여 명이 참여한 중세 최대의 종교 회의는 4년 간 이어졌고, 그 결과 서로 대립하던 세 명의 교황을 폐위하고 새로운 교황을 선출했지요. 교황은 다시 로마에 자리 잡고 안정을 되찾은 듯했어요.

하지만 한번 무너진 교황의 권위는 쉽게 회복되지 않았어요. 유럽 기독교 국가들의 우두머리이자 '왕 위의 왕'으로 군림했던 교황의 모습은 사라지고, 영향력은 로마가 포함된 이탈리아 지역으로 축소되었답니다. 자, 이제 시스티나 성당으로 이동해서 다음 이야기를 이어 가 볼까요?

그럼 이제 국왕이 태양인 건가?

2장 타락한 '신의 대리인'

여기는 시스티나 성당이에요.

안에 들어가면 깜짝 놀랄걸?

놀란다고? 평범해 보이는데?

지금 우리가 보고 있는 이 건물은 바티칸의 '시스티나 성당'이에요. 성 베드로 대성당의 부속 성당인데, 미켈란젤로의 천장화가 있는 곳으로 매우 유명하지요. 우리나라에서는 '천지창조'라는 이름으로 잘 알려져 있어요.

총 800제곱미터에 이르는 천장화에는 구약성서 창세기의 내용과 함께, 무려 343명의 인물이 등장해요. 미켈란젤로는 1508년에 교황의 지시로 이 작업을 시작해 단 4년 만에 완성했어요. 또한 이곳은 교황을 선출하는 장소로도 유명해요. 평소에는 교황이 하느님께 예배하는 곳이지만, 새 교황을 뽑을 때는 전 세계 추기경들이 모여 '콘클라베'라는 회의를 열지요. 1878년 이

시스티나 성당 천장화↑

79

후 모든 콘클라베가 이곳에서 열렸답니다.

시스티나 성당은 15세기 후반에 교황인 식스투스 4세의 지시로 건축되었어요. 성당 이름도 그의 이름에서 유래했지요. 그럼 식스투스 4세에 대해 알아볼까요?

탐욕에 빠지기 시작한 교황

아비뇽 유수 사건 이후, 황제 위에서 군림하던 교황의 권위와 영향력은 이탈리아 지역으로 범위가 축소되었고, 이 무렵엔 이탈리아 안에서도 힘을 제대로 발휘하지 못했어요. 교황이 통치하는 교황령에서도 세금을 내지 않는 이들이 많았고, 식스투스 4세가 교황으로 취임했을 때는 그의 마차에 돌을 던지는 사람까지 있었어요. 교황이 하늘도 찌를 것 같던 위세를 지녔던 때와 비교하면 정말 하늘과 땅 차이였지요.

이런 상황에서 식스투스 4세는 이탈리아에서만이라도 교황의 권위를 회복하려고 했어요. 1472년에 제212대 교황으로 선출되자마자 자신의 조카 여섯 명을 교황 다음으로 높은 직책인 추기경으로 임명했어요. 본격적으로 권력을 휘두르기 위해 자신의 주변에 믿을 만한 사람을 배치한 거예요. 그런데 권력을 마

음껏 휘두르려면 꼭 필요한 게 있었어요. 바로 '돈'이었지요. 과거에는 교황의 명령만으로도 세금을 걷을 수 있었지만, 이젠 사람들의 반응이 시큰둥했어요. 도시 국가들과 경쟁하려면 군대도 필요했고요.

식스투스 4세는 돈이 되는 일이라면 무엇이든 했어요. 교황령의 곡물을 외국이나 이탈리아 내의 도시 국가에 팔아 폭리

뒤쪽에 서 있는 이 모두 식스투스 4세의 들인데 이 중 두 명이 경으로 임명되었죠.

엥? 그냥 자기들끼리 다 해 먹겠다는 거 아니에요?

말도 안 돼! 이게 권위를 높이는 방법이라고?

를 챙기고, 교황의 재산을 가족에게 상속할 수 있도록 법도 바꿨어요. 특정 성직을 돈 주고 다른 사람에게 넘길 수 있게 했고, 불법 업소에 공식 면허증을 발급해 세금을 걷기도 했지요.

이런 행보는 교황의 권위를 세우기보다 자신의 이익을 채우는 데 급급한 모습이었어요. 당시 베네치아의 대사는 "식스투스 4세는 펜과 잉크만 있으면 원하는 돈을 얻을 수 있다"라며 교황의 행태를 비꼬기도 했답니다.

'탐욕의 끝판왕' 알렉산데르 6세

권력을 되찾으려는 교황의 세속적인 노력은 결국 교황의 탐욕만 더욱 키울 뿐이었어요. 문제는 그 뒤를 이은 교황들 역시 자신들의 배를 불리기에만 관심을 가졌다는 거예요. 그중에서도 최악은 '탐욕의 끝판왕'이라 불릴 만큼 악명이 높았던 알렉산데르 6세였어요.

알렉산데르 6세는 과거 교황

↑ 알렉산데르 6세

이었던 외삼촌의 도움으로 25세에 추기경이 되었고, 이후 다섯 명의 교황을 섬기며 성직 매매 등 다양한 방법으로 엄청난 부를 쌓았어요. 로마에서 가장 부유한 추기경으로 손꼽힐 정도였지요. 61세가 되던 해에는 교황이 될 기회가 찾아오자 이 마지막 기회를 잡기 위해 추기경들을 돈으로 매수했어요. 실제로 콘클라베 직전, 은을 실은 노새 네 마리가 알렉산데르 6세의 집에서 한 추기경의 집으로 향했다는 소문까지 돌았지요. 결국 1492년에 교황이 되면서 탐욕을 본격적으로 드러내기 시작했어요.

앞에서도 잠깐 얘기했듯 성직자에겐 결혼하지 않는 독신의 의무가 있었지만, 이 역시 잘 지켜지지 않았어요. 알렉산데르 6세도 무려 열여섯 명의 자식과 정부*를 두었는데, 교황이 된 이후 첫째 아들인 체사레 보르자에게는 추기경 자리

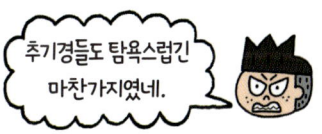

정부
아내가 아니면서, 정을 두고 깊이 사귀는 여자.

를, 둘째 아들인 후안 보르자에게는 공작 작위와 군 총지휘관을 주며 권력을 몰아줬어요. 교황청에서 파티를 열고 사적인 일에 교회 재정을 사용하기도 했어요. 이런 모습에 실망한 사람들은 그를 악마나 사기꾼이라 부르며 분노했어요. 성직자보다는 탐욕스러운 세속 군주에 가까웠던 셈이지요.

정복 전쟁에 나선 교황

역사상 최악의 교황으로 불리는 알렉산데르 6세의 탐욕은 여기서 멈추지 않았어요. 그는 자신의 가문을 '왕'의 자리까지 올리려는 야심까지 품고 있었어요. 당시 이탈리아는 크게 세 부분으로 나뉘어 있었어요. 북부에는 작은 도시 국가들, 중부에는 교황령, 남부에는 나폴리 왕국이 있었지요. 그런데 북부 도시 국가 중 일부가 교황에 반발하자, 알렉산데르 6세는 이 기회를 틈타 도시 국가들을 통일하고 새로운 국가를 세우려 했어요. 그 왕위에는 자신의 가문을 앉히려 했죠. 이 임무는 첫째 아들인 체사레 보르자가 맡았어요.

하지만 교황의 군대는 전력이 형편없었어요. 여러 귀족 가문의 지원으로 꾸린 임시 병력이라 도시 국가의 강한 군대와는 비교도 되지 않았어요. 그래서 알렉산데르 6세는 당시 교황이 신의 대리인 자격으로, 결혼을 무효로 할 수

1494년 무렵 이탈리아 지도↑

↑ 체사레 보르자

있는 권한을 적극 활용했어요. 프랑스 왕인 루이 12세의 혼인 무효를 허락하는 대신 프랑스군의 지원을 받아내기로 한 거지요.

프랑스군의 도움을 받은 체사레 보르자는 도시 국가들을 하나씩 정복하며 밀라노와 피렌체의 항복을 받아 냈고, 로마냐 지방을 완전히 장악했어요. 원래 교황령이었던 로마냐 지방을 다스리던 여러 명의 영주를 몰아낸 뒤, 보르자 왕조를 세워 로마냐 공국을 탄생시킨 거예요. 알렉산데르 6세의 꿈이 이루어지는 듯했지요.

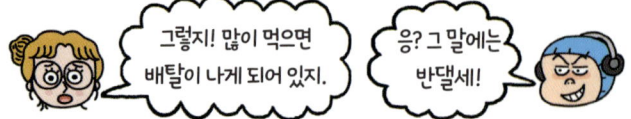

1503년, 알렉산데르 6세는 체사레와 만찬을 가진 직후 갑작스러운 열병과 구토에 시달리며 쓰러졌어요. 당시 유행하던 말라리아에 걸렸던 것으로 보이는데, 결국 회복하지 못하고 72세의 나이로 세상을 떠났어요. 체사레 역시 다음 교황 율리오 2세의 세력에 밀려 스페인으로 추방당했어요. 탐욕으로 쌓은 권력은 파도에 쓸려 간 모래성처럼 허무하게 무너졌답니다.

끝없는 타락과 유럽 사회의 대혼란

알렉산데르 6세가 사망한 후 비오 3세가 교황이 되었지만, 교황이 된 지 겨우 26일 만에 세상을 떠났어요. 다음으로 교황이 된 인물은 율리오 2세예요. 그는 식스투스 4세가 교황이던 시절, 추기경으로 임명한 여섯 명의 조카 중 한 명이었죠.

율리오 2세 ↑

율리오 2세는 '전사 교황'이라고 불릴 정도로 많은 전쟁을 일으킨 교황으로 유명해요. 베네치아 공화국이 이탈리아의 도시 국가인 볼로냐의 독립을 지원하자, 직접 갑옷을 입고 전쟁터로 나설 만큼 적극적이었어요. 이 외에도 이탈리아의 여러 도시 국가, 프랑스와 잇달아 전쟁을 벌이며 교황령을 확장하는 데 열을 올렸지요. 율리오라는 이름도 로마 장군 율리우스 카이사르에서 따왔다고 해요.

이 정도면 교황이 아니라 군인이네.

또 율리오 2세는 르네상스 최고의 예술가인 미켈란젤로, 라파엘로, 브라만테 등을 후원하며 자신의 명성을 높이고자 했어요. 미켈란젤로의 〈시스티나 성당 천장화〉, 라파엘로의 〈아테네 학당〉, 성 베드로 대성당의 신축도 이때 이루어진 거예요. 이렇게 전쟁과 예술에 돈을 쏟아붓고도 수백 개의 성직을 팔아넘긴 덕분에 교황청의 금고는 쉽게 바닥나지 않았어요.

그 와중에 유럽 곳곳에선 이상한 현상들도 벌어졌어요. 1506년, 스페인의 하늘에는 꼬리를 길게 늘어뜨린 별, 즉 혜성이 자주 나타났어요. 또 유럽 전역엔 쥐 떼와 애벌레가 창궐하며 흉작이 이어졌어요. 사람들은 점점 불안해졌고, 유럽 사회의 분위기는 점차 흉흉해졌답니다. 여기서 퀴즈!

이 무렵 흉흉해진 분위기 속에서 종교와 관련된 사상이 유행하기도 했어요. 어떤 사상이었을까요?

신 대신 자연을 믿는 사람이 생겼나?

내 생각엔 점성술 같은 게 유행했을 것 같아. 혜성도 나타났다니까 천문 현상을 보고 미래를 예측해 보려는 거지.

흠, 기분 전환으로 맛집 탐방을 하는 사람이 많아졌나?

어휴, 그게 종교랑 무슨 상관이야! 구원자가 나타날 거라는 사상이 유행한 거 아닐까? 위기의 순간엔 언제나 영웅이 등장하는 법이니까!

아, 혹시 종말론 아니에요? 이상한 일이 계속 일어나니까 사람들이 세상에 곧 망할 거라고 생각한 거죠!

오, 소피아 정답! 종말론이란 세상의 끝은 이미 예정된 일이고, 조만간 인간과 만물이 모두 멸망하는 최후의 날이 다가와 심판을 받게 될 거라는 사상을 말해요. 중세 유럽의 사람들은 "그 재난 이후에 곧 해가 어두워지고 달은 빛을 잃을 것이며 별들이 하늘에서 떨어지고 하늘이 흔들릴 것이다"라는 성경 구절을 근거로 종말론을 믿었답니다. 이런 사상이 유행했을 정도니, 당시 분위기가 얼마나 흉흉했는지 잘 알 수 있겠죠?

　끝없이 이어지는 교회의 부패와 천재지변, 심지어 종말론까지 등장하면서 중세 유럽 사회의 불안감은 더욱 커졌답니다. 보통 사회가 불안할수록 사람들은 믿고 마음을 의지할 수 있는 존재를 찾게 돼요.

하지만 이 무렵 교회는 그런 역할을 전혀 하지 못했어요. 특히 교황은 하느님의 뜻을 따르기보다 자신의 탐욕을 채우고 권력을 휘두르기 바빴지요. 사실 앞에서 얘기한 교황들뿐만 아니라 이 시기에 교황이 된 다른 사람들도 크게 다르지 않았어요. 사람들은 교황의 타락과 교회의 부패를 지켜보며 절망에 빠졌답니다.

그런데 문제는 이게 끝이 아니라는 사실이에요. 율리오 2세 다음으로 교황의 자리에 오른 사람은 레오 10세였는데요, 이 이야기는 성 베드로 대성당으로 가서 해 볼까요?

3장 면벌부 판매와 종교 개혁

드디어 오늘의 마지막 여행지인 성 베드로 대성당에 도착했습니다! 성 베드로 대성당은 세계에서 가장 큰 성당으로 잘 알려져 있어요. 사실 밖에서 보면 그 크기를 가늠하기 어렵지만, 성당 안으로 들어서는 순간 압도적인 규모에 모두 입이 떡 벌어지지요. 무려 6만 명이 동시에 예배를 볼 수 있을 만큼 크다고 하니 정말 굉장하죠?

성 베드로 대성당은 1506년에 교황 율리오 2세의 지시로 짓기 시작했어요. 미켈란젤로, 라파엘로, 브라만테 등 르네상스 시대를 대표하는 예술가들이 건축에 참여했는데, 1626년에야 완공되었어요. 성당을 짓는 데 들어간 비용이 지금의 가치로 환산하면 무려 40조 원에 이른다고 해요.

이렇게 엄청난 돈과 시간이 들어간 만큼, 공사비를 마련하는 일도 쉽지 않았겠죠? 특히 건축 계획을 이어받은 교황 레오 10세는 사치스러운 생활을 하며 성당 공사비까지 부담해야 했어요. 결국 그는 유럽을 뒤흔들 큰 결정을 내리게 되는데요 과연 무슨 일이 있었던 걸까요?

레오 10세 ↑

'사치의 끝판왕' 레오 10세

레오 10세는 피렌체 공화국의 실질적인 통치자였던 로렌초 데 메디치의 둘째 아들이었어요. 금융과 무역으로 부를 축적한 메디치 가문은 중세 유럽에서 가장 영향력이 있는 귀족 가문 중 하나로, 수많은 예술가와 학자를 후원하며 르네상스 시대를 이끈 가문으로 잘 알려져 있어요.

어려서부터 영리했던 레오 10세는 아버지의 뜻에 따라 성직자의 길로 들어섰고, 불과 13세에 추기경이 되었어요. 교황청의 주거래 은행으로, 종교 권력과도 밀접한 관계를 맺고 있었던 메디치 가문에서는 여러 명의 추기경과 세 명의 교황을 배출했어요. 레오 10세는 그중 한 명이었지요.

1513년, 레오 10세는 율리오 2세의 뒤를 이어 교황으로 선출되었어요. 그런데 레오 10세는 사치와 낭비가 매우 심했지요. 교황청 예산을 물 쓰듯 쓴 것도 모자라, 전임 교황이 남긴 자산까지 빠르게 탕진했어요. 사람들에게 금화를 뿌리거나 애완 코끼리를 키우기까지 했어요. 알렉산데르 6세가 '탐욕의 끝판왕'이었다면 레오 10세는 '사치의 끝판왕'이라고 불릴 정도였지요. 그런데 웃긴 점은 레오 10세가 젊은 시절 알렉산데르 6세를 '탐욕스러운 늑대'라 비판했었다는 거예요.

레오 10세는 자신이 누리는 것뿐 아니라 학문과 예술에도 아낌없이 투자했어요. 그만큼 교황청 재정은 빠르게 바닥나기 시작했지요. 성직자 자리까지 팔며 돈을 끌어모았지만, 그것만으로는 감당하기 어려웠어요.

레오 10세는 교황 다음으로 높은 성직인 추기경 자리까지 팔아 돈을 마련했는데, 무려 2,150개의 성직을 거래하고, 약 980억 원의 수입을 얻었다고 해요. 또 기독교 성인과 관련 있는 유물을 팔거나 전시해 돈을 벌었지요. 부유한 추기경에게 돈을 빌리거나 보석을 전당포에 맡겨 대출을 받기도 했고요. 하지만 이렇게 모은 돈으로도 감당하기 어려운 거대한 사업이 남아 있었어요. 바로 성 베드로 대성당을 짓는 일이었지요.

면벌부 판매

당시 교황청의 한 해 예산이 약 2천억 원 정도였던 걸 생각하면 성 베드로 대성당 건축 비용을 감당 못할 수준은 아니었어요. 하지만 레오 10세의 심각한 사치 때문에 아무리 돈을 끌어모아도 밑 빠진 독에 물 붓기였지요. 게다가 메디치 가문마저 파산 직전이라 레오 10세를 도울 여력도 없었어요.

1517년, 고민 끝에 레오 10세는 '면벌부'를 판매하기로 했어요. 면벌부는 죄에 따른 벌을 면제해 준다는 뜻의 증서예요. '돈만 내면 죄를 지어도 벌받지 않아도 된다'라는 뜻으로, 교회에서 공식 발행하는 일종의 확인서였지요.

지금 보면 황당하지만, 수백 년 동안 기독교 세계관에 따라 살아온 중세 유럽 사람들은 쉽게 속을 수밖에 없었어요. 당시 사람들은 누구나 죽은 뒤 천국, 지옥, 그리고 연옥 중 하나에 간다고 믿었는데, 연옥은 죄를 정화하는 고통의 장소였어요. 그래서 면벌부는 그 연옥에서의 시간을 줄여 주는 '프리패스 티켓'처럼 여겨졌지요. 죄의 종류나 심각성에 따라 가격이 달랐는데, 살인죄도 일정 금액을 내면 벌이 줄었어요.

사실 면벌부는 레오 10세가 처음 만든 제도는 아니었어요. 11세기 무렵, 십자군 전쟁 참여를 장려하기 위해 한정적으로 쓰인 적이 있었지요. '전투 중에 죽으면 천국에 갈 수 있다'라는 의미로 배포한 거였어요. 이후 돈벌이 수단으로 악용되던 면벌부가 레오 10세 때 본격적으로 확대된 거예요.

이탈리아를 넘어 독일까지 면벌부 판매가 퍼지자, 판매에 능숙한 성직자들이 경쟁하듯 뛰어들었어요. 그중 최고는 독일의 수도사 요한 테첼이었는데, 귀를 솔깃하게 하는 말로 면벌부를 마구 팔아 판매왕으로 소문날 정도였지요. 여기서 퀴즈!

Q 요한 테첼은 면벌부 적용대상을 확대한 '대리 면벌부'를 판매했어요. 누구를 위한 면벌부였을까요?

소중히 여기는 사람일 텐데, 누구일까?

 혹시 반려동물 아닐까? 집에서 키우던 사랑하는 동물이 함께 천국에 갈 수 있으면 좋잖아.

 아니면 아직 태어나지 않은 아기? 옷이나 신발을 미리 사 두는 것처럼 면벌부도 미리 사 두는 거지.

 오, 다들 그럴듯한데? 면벌부 판매왕 소질이 있어. 그럼 나는 죽은 사람으로 할래. 이미 연옥에 있는 사람을 위한 면벌부를 판 거지.

오, 강하군 정답! 대리 면벌부는 이미 죽은 사람을 대상으로 한 특별 면벌부였어요. 죽은 일가친척을 위해 면벌부를 구입하면 연옥에서 고통받고 있을지도 모르는 그들을 당장 꺼내 천국으로 보내 준다는 거죠.

↑ 면벌부 판매를 묘사한 그림

요한 테첼을 비롯해 수많은 성직자가 온갖 방법을 동원해 면벌부 판매에 열을 올리자, 기독교 교리를 따르는 사람이라면 부자든 가난한 사람이든 지갑을 열 수밖에 없었어요. 돈 몇 푼만 투자하면 연옥에서 고통을 받지 않아도 된다는데 누가 솔깃하지 않을 수 있겠어요?

마틴 루터와 95개조 반박문

교황과 교회가 신의 이름을 팔아 배를 불리고 있을 때, 독일에서 교회의 타락을 더 이상 두고 볼 수 없다고 생각하는 사람이 나타났어요. 바로 독일의 신학자 마틴 루터였지요.

루터는 원래 법학을 공부하던 대학생이었어요. 그런데 1505년 친구가 벼락에 맞아 죽은 장면을 목격한 뒤 죽음에 대한 두려움에 사로잡혔지요. 이후 수도사가 되기로 결심했어요. 자신의 죄를 용서받고 구원받기 위해선 수도사가 되는 길밖에 없다고 믿었거든요.

마틴 루터 ↑

수도사가 된 루터는 하루에도 일곱 번씩 기도하며 엄격한 금욕 생활을 이어 갔고, 오직 구원에 대한 해답을 찾기 위해 신학 공부에 몰두했어요. '어떻게 하면 구원받을 수 있을까?'가 루터의 가장 큰 관심사였지요. 그러던 중 독일에서 면벌부가 본격적으로 판매된다는 소식을 듣고 루터는 크게 분노했어요. 루터는 구원이란 오직 믿음을 통해 얻는 것이며, 죄를 용서받는 길은 진심 어린 참회뿐이라고 생각했어요. 그런데 성직자들이 '돈으로 구원을 살 수 있다'라고 하자 더는 참을 수 없었지요.

1517년 10월, 루터는 성직자와 교회의 잘못을 조목조목 비판한 글을 비텐

↑ 95개조 반박문

베르크 교회 정문에 붙였어요. 무려 95가지나 되는 주장을 담은 〈95개조 반박문〉이었지요. 그중 일부 내용을 살펴볼까요?

"교황이라도 벌을 면제할 수 없다. 그렇게 할 수 있는 건 하느님뿐이다."

"진심으로 회개했다면 면벌부 없이도 구원받을 수 있다."

"돈을 내면 영혼이 연옥에서 벗어난다는 말은 거짓이다."

루터의 반박문은 당시 발명된 활판 인쇄술 덕분에 유럽 전역으로 빠르게 퍼져 나갔어요. 또 루터는 성경을 독일어로 번역해, 성직자뿐 아니라 일반 사람들도 직접 성경을 읽고 해석할

수 있도록 했어요. 성직자들만의 특권이 깨진 것이지요.

루터의 생각이 널리 퍼지자 교회는 곧바로 압박에 나섰어요. 교황인 레오 10세를 비롯한 성직자들은 루터를 이단이라 비난하며 주장을 철회하라고 했어요. 하지만 신념을 굽히지 않았던 루터는 결국 1521년, 레오 10세에 의해 파문당하고 말았어요. 그러나 이미 많은 사람들이 루터의 생각에 공감하고 있었고, 교회의 타락에 분노하던 사람들은 루터의 글을 통해 새로운 깨달음을 얻으며 그의 뜻에 따르기 시작했어요.

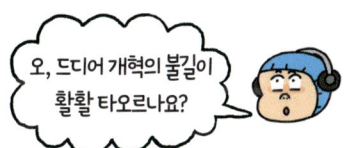

종교 개혁과 기독교 분열

루터가 〈95개조 반박문〉을 발표한 이후, 기독교는 걷잡을 수 없이 분열되기 시작했어요. 타락한 교회를 개혁하자는 목소리는 유럽 전역으로 퍼졌고, 교황은 이를 막으려 했지만 시대의 흐름을 되돌리기엔 역부족이었어요. 이렇게 시작된 '종교 개혁'은 유럽 사회의 질서를 송두리째 흔들었어요. 마틴 루터의 반박문이 그 불씨가 된 거예요.

프랑스에서는 장 칼뱅이라는 신학자가 루터의 영향을 받아 종교 개혁을 주장했어요. 칼뱅은 구원이 신의 의지에 따라 미리 결정된 것이라고 믿었지요. 기독교에서는 칼뱅 역시 압박

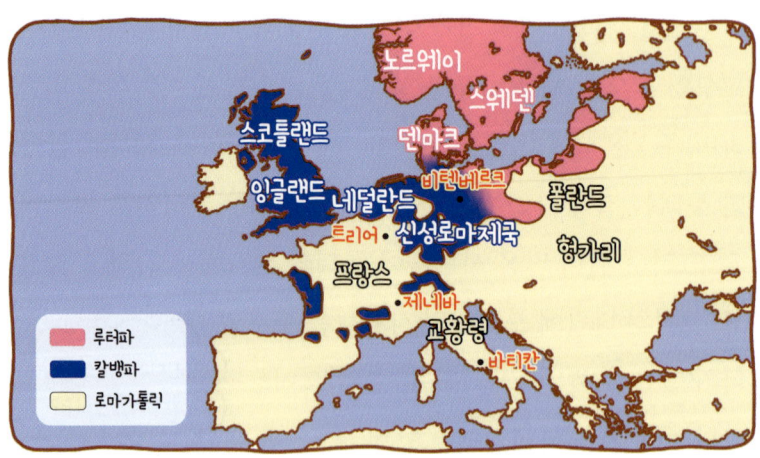

↑ 루터파와 칼뱅파로 나뉜 기독교

했지만, 칼뱅도 신념을 굽히지 않았어요. 프랑스에서 쫓겨난 칼뱅은 스위스로 건너가 활동했고, 칼뱅을 따르는 사람은 점점 늘어났어요.

이후 유럽의 여러 나라에서 교황의 부패에 실망한 사람들은 루터나 칼뱅과 같은 새로운 종교 지도자를 따르며 기존 교회에서 벗어났어요. 루터파는 독일과 북유럽, 칼뱅파는 스위스와 프랑스 남부, 영국과 네덜란드로 퍼져 나갔지요.

결국 기독교는 교황의 권위를 인정하는 구교와, 교황의 지배에서 벗어난 신교로 나뉘게 되었어요. 신교를 받아들인 데에는 타락한 교회를 떠나고 싶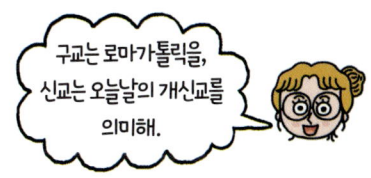
은 종교적인 이유도 있었지만 제후와 국왕이 교황의 영향력을 줄이고 자신들의 권력을 키우려는 정치적 목적도 지니고 있었어요.

이후 약 100년 동안 신교와 구교 간에는 종교 전쟁이 끊이지 않았어요. 독일에서는 농민 반란이 일어났고, 프랑스에서는 내전이 벌어졌지요. 특히 1618년에 시작된 '30년 전쟁'은 유럽의 여러 나라가 참전하면서 대규모 전쟁으로 번졌고, 약 800만 명이 목숨을 잃었어요.

전쟁은 1648년에 베스트팔렌 조약을 맺은 이후에야 마무리

↑ 베스트팔렌 조약을 맺는 모습

되었고, 마침내 종교의 자유가 인정되었어요. 베스트팔렌 조약은 '신교든 구교든 각 나라가 선택한 종교를 인정하자'라고 약속한 평화 협정이에요. 누구도 종교 때문에 차별받거나 전쟁을 겪어서는 안 된다는 뜻이 담겨 있었지요. 이 조약 이후 신교는 유럽에 안정적으로 자리 잡았고, 아메리카 대륙을 거쳐 전 세계로 퍼져 나가게 되었답니다.

중세 유럽의 교황들은 종교 지도자보다는 세속 권력자로 지내며 사치와 권력 싸움에 몰두했어요. 하지만 마틴 루터 같은 용감한 성직자들은 그런 교황의 타락에 맞서 종교 개혁을 이끌었고, 기독교는 여러 갈래로 나뉘며 개신교라는 새로운 이름으로 다시 태어났지요.

　이 변화는 단순히 종교만 바꾼 것이 아니라, 정치, 경제, 사회, 문화 전반에 엄청난 영향을 남겼어요. 이때부터 기독교는 또 다른 역사로 나아가기 시작했답니다.

"오늘은 기독교의 탄생부터 종교 개혁까지, 유럽을 뒤흔든 기독교의 역사를 살펴봤는데요. 다들 즐거웠나요?"

임태리 교수님이 아이들을 둘러보며 묻자, 소피아가 손을 번쩍 들며 말했어요.

"엄청 재미있었어요! 제가 좋아하는 건축물도 많이 봐서 좋았고요."

"저는 박해받던 기독교가 오히려 박해하는 쪽이 됐다는 게 너무 충격이었어요. 듣는 내내 답답했다니까요!"

강하군의 말에 아이들 모두 고개를 끄덕였어요. 공차연도 손을 번쩍 들고 말했지요.

"교회가 그렇게 부패했었다는 게 아직도 믿기지 않아요. 권력을 함부로 휘두르면 사회와 종교 모두 혼란스러워진다는 것도 알게 됐어요."

"하지만 그런 교회를 개선하려고 나선 사람들도 있었잖아요? 결국엔 정의가 승리하는 법이죠!"

왕봉구의 말에 임태리 교수님이 미소를 지으며 말했어요.

"맞아요. 역사는 잠시 삐끗할 때도 있지만 결국에는 항상 더 나은 방향으로 흘러간다는 걸 알 수 있지요. 그리고 한 가지, 중세의 교황과 지금의 교황은 역할과 위치가 전혀 다르니 꼭 구분해서 이해했으면 좋겠어요. 알겠죠?"

임태리 교수님의 말이 끝나자 아이들은 고개를 끄덕였어요. 어느새 교수님은 앞치마를 입고 계셨어요.
"자, 그럼 세계사 여행은 이걸로 마치고……. 이제부터는 이태리맛동산이 여러분에게 카르보나라를 만들어 드리겠습니다! 모두 소리 질러!"
그때 소피아가 또랑또랑한 목소리로 조용히 물었어요.
"교수님, 아니 이태리맛동산 님. 혹시 크림 넣으시나요?"
히스토리 에어라인 안엔 다시 한 번 웃음이 터졌답니다.

이번 여행에서는 박해받던 종교가
어떻게 제국의 중심이 되었는지,
그리고 그 힘이 욕심과 얽혀 어떤 변화를
불러왔는지 살펴보았어요.

다음 여행에서는 세상을 바꾼
위대한 발견과 발명의 역사 속으로 떠납니다.
다이너마이트를 탄생시킨 천재 발명가가
죽음의 상인으로 불리게 된 사건과
만유인력 법칙을 발견한 과학자의
숨겨진 비밀을 함께 파헤쳐 볼까요?

벌거벗은 세계사 13권에서 만나 봐요!

History Airline
역사 정보 ❶ 시대 배경 살펴보기

신 중심의 시대에서 인간 중심의 시대로

교황이 권력을 휘두르던 무렵, 유럽 사회에도 큰 변화가 있었어요. 신 중심의 세계관에서 벗어나 인간 중심으로 세상을 바라보려는 움직임이 일어난 거예요. 그 배경을 자세히 알아보아요.

중세 유럽, 신이 중심이던 세상

기독교는 392년 로마 제국의 국교가 된 뒤 유럽 전역으로 퍼졌어요. 그리고 약 1천 년 동안 유럽 사람들의 삶과 생각을 지배했지요. 이 시기 사람들은 정치, 문화, 예술, 철학, 과학까지 모든 것을 '신' 중심으로 바라보았어요. 심지어 '철학은 신학의 시녀다'라는 말이 있을 정도였어요. 교황은 엄청난 권력을 가지고 유럽 사회를 마음대로 움직일 수 있었지요.

기독교의 가르침에 어긋나는 생각이나 행동은 받아들여지지 않았어요. 그래서 예술가들은 작품을 통해 자신의 창의성을 마음껏 표현할 수 없었고, 지식인들 역시 학문을 연구하는 데 제약이 많았지요. 하지만 시간이 지나면서 교황과 교회의 권위는 점점 약해졌고, 사람들도 조금씩 의문을 갖기 시작했어요.

↑ 교황 알렉산데르 3세 대관식

르네상스, 인간 중심의 시대

이런 상황에서 이탈리아를 중심으로 '르네상스'라는 문화 부흥 운동이 일어났어요. 르네상스는 '재탄생'이라는 뜻으로, 신 중심이었던 시대에서 벗어나 인간의 개성과 창조성을 되찾자는 움직임이었지요. 사람들은 고대 그리스와 로마의 문화를 본보기로 삼아, 예술과 학문에서 새로운 변화를 만들었어요.

특히 예술가들이 활약이 두드러졌어요. 인체의 아름다움과 인간의 감정을 담은 작품이 많아졌답니다. 레오나르도 다 빈치, 미켈란젤로, 라파엘로 등 뛰어난 예술가들로 문화의 황금시대를 맞았지요. 이 과정에서 피렌체의 메디치 가문은 예술과 학문을 아낌없이 후원했고, 르네상스 문화가 빠르게 퍼질 수 있도록 도왔어요. 실제로 이 시기 유명한 그림 중 하나인 〈동방 박사의 경배〉에는 메디치 가문의 인물들이 등장하기도 했지요.

동방 박사의 경배 그림 속 메디치 가문 ↑

History Airline
역사 정보 ❷ 인물 다르게 보기

기독교 역사 속 타락한 교황들

기독교를 전파하기 위해 선교 여행을 떠난 사도 바울과
'사치왕'이라 불리며 중세 시대 타락한 교황의 대표 주자인 레오 10세,
그들의 이야기를 좀 더 살펴볼까요?

기독교 박해자였던 바울은 왜 전도자가 되었을까?

↑ 하느님의 음성을 듣고
말에서 떨어지는 바울

사도 바울은 기독교 역사에서 아주 중요한 인물이에요. 그는 예수의 가르침을 전하기 위해 여러 지역을 돌며 기독교를 널리 퍼뜨렸지요. 그런데 바울이 처음부터 예수를 믿은 건 아니었어요. 오히려 예수를 따르는 사람들을 잡아들이던 기독교 박해자였답니다.

바울은 원래 독실한 유대교 신자였어요. 어느 날, 예수를 믿는 사람들을 체포하러 가는 길에 갑자기 하늘에서 환한 빛이 비치고 "어찌하여 나를 박해하느냐"라는 음성이 들려왔어요. 놀란 바울은 말에서 떨어졌고, 눈이 멀고 말았지요. 며칠 뒤, 예수의 제자 아나니아가 찾아와 기도해 주자 다시 눈을 뜰 수 있었어요.

114

이 놀라운 경험을 계기로 바울은 예수를 믿게 되었고, 기독교를 전하는 사도가 되었어요. 이 사건을 '사도 바울의 회심'이라고 불러요.

그 뒤 바울은 약 2만 킬로미터에 이르는 거리를 먼 여행하며 복음을 전했어요. 그리고 네로 황제의 기독교 박해 때 순교하고 말았지요.

레오 10세는 '사치왕'이기만 했을까?

레오 10세는 역사상 가장 사치스러운 교황으로 유명해요. 교황청의 재정을 탕진하고 면벌부를 판매해 큰 비판을 받았어요. 이 사건은 결국 종교 개혁으로 이어졌지요.

하지만 레오 10세는 학문과 예술의 열렬한 후원자이기도 했어요. 메디치 가문 출신인 레오 10세는 상식과 교양이 매우 풍부했어요. 학자들을

레오 10세 ↑

불러 모아 학교를 세우고, 예술가들에게 많은 작품을 맡기며 로마를 문화의 중심으로 만들었어요. 미켈란젤로와 라파엘로 같은 르네상스 시대의 천재 예술가들도 레오 10세의 후원을 받았어요. 이때 남겨진 예술 작품들은 레오 10세가 남긴 업적 중 하나로 꼽히기도 해요.

또한 레오 10세는 가난한 사람들과 병자, 퇴역 군인 같은 소외 받는 계층을 위해 기부를 아끼지 않았어요. 자기 자신뿐 아니라 모든 사람에게 아낌없이 베풀던 교황이기도 했던 거예요.

History Airline
역사 정보 ❸ 또 다른 역사 인물들

르네상스와
종교 개혁 시대의 인물들

유럽 사회가 르네상스를 거쳐 종교 개혁으로 이어지던 시기에는
또 어떤 인물들이 살았을까요?

르네상스를 대표하는 천재 예술가 미켈란젤로 (1475년~1564년)

미켈란젤로는 이탈리아의 조각가이자 화가, 건축가이자 시인이었어요. 르네상스 시대를 대표하는 위대한 예술가였지요. 미켈란젤로는 어릴 때부터 그림에 관심이 많았다고 해요. 정식으로 그림을 공부한 지 1년 만에 조각에도 관심을 가지게 되었고, 14세 무렵 메디치 가문의 후원을 받아 본격적으로 예술 활동에 전념했어요. 그는 피렌체, 베네치아, 로마 등 이탈리아의 여러 도시에서 활동하며, 〈시스티나 성당의 천장화〉, 〈최후의 심판〉, 〈피에타〉, 〈다비드〉 같은 걸작을 남겼지요.

↑ 미켈란젤로

미켈란젤로의 작품은 인체의 아름다움과 인간의 복잡한 감정을 섬세하게 표현하면서도, 종교적인 의미까지 담고 있는 것이 특징이에요. 미켈란젤로는 1564년에 89세로 세상을 떠날 때까지 끊임없이 작품 활동을 하며 르네상스 예술을 이끌었답니다.

예술과 학문의 후원자 로렌초 데 메디치 (1449년~1492년)

로렌초 데 메디치는 피렌체를 통치하며 메디치 가문의 전성기를 이끈 인물이에요. 1469년, 20세의 나이에 권력을 물려받아 예술과 학문 발전에 아낌없이 투자했어요. 미켈란젤로, 다 빈치, 보티첼리 같은 예술가들을 후원한 덕에 피렌체는 르네상스의 중심지로 거듭났어요. 또 도서관과 대학을 세우고 고전 작품을 모아 널리 퍼뜨리기도 했답니다.

↑ 로렌초 데 메디치

프랑스의 종교 개혁가 장 칼뱅 (1509년~1564년)

장 칼뱅은 마틴 루터와 함께 종교 개혁을 이끈 인물이에요. 프랑스에서 쫓겨난 뒤에는 스위스에서 《기독교강요》를 펴내며 종교 지도자로 떠올랐지요. 칼뱅은 인간의 구원은 신에 의해 미리 정해져 있다는 '예정설'을 주장했어요. 운명을 바꿀 수는 없지만, 바른 행동과 삶을 통해 신으로부터 선택받은 사람임을 보여 줄 수 있다고 했지요. 그래서 성실하고 절제된 생활을 강조했으며 부자가 되는 것도 좋은 일이라고 여겼어요. 이런 생각은 상공업자들에게 큰 지지를 받았답니다.

↑ 장 칼뱅

History Airline
역사 정보 ④ 오늘날의 역사

이탈리아, 바티칸 시국의 오늘과 우리나라와의 관계

기독교의 역사에서 빼놓을 수 없는 두 나라의 오늘날은 어떤 모습일까요? 기독교의 세계화에 큰 역할을 한 로마 제국의 찬란한 역사를 품고 있는 이탈리아와 전 세계 가톨릭의 성지 바티칸 시국을 알아보아요.

이탈리아

유럽 중남부에 있는 장화 모양의 반도 국가로, 그리스와 함께 유럽 문명의 뿌리를 이루고 있어요. 1861년에 이탈리아 왕국으로 통일되기 전까지 여러 도시들이 저마다 문화와 예술을 꽃피우며 발전했지요. 로마 제국의 수도였던 로마와 르네상스 발상지인 피렌체, 패션의 중심지인 밀라노, 물의 도시인 베네치아 등이 대표적인 도시예요. 또 로마 제국이 남겨 놓은 문화유산과 르네상스 예술은 이탈리아의 자랑이에요. 피자와 파스타 같은 음식과 세계적인 패션 브랜드도 유명해서 지금도 많은 관광객이 이탈리아를 찾고 있어요. 우리나라와는 1956년에 수교를 맺은 뒤 활발하게 교류하고 있어요.

↓ 르네상스의 발상지인 이탈리아 피렌체

History information

바티칸 시국

이탈리아 로마 시내에 위치한 교황이 통치하는 가톨릭 국가예요. 세계에서 가장 작은 나라이지요. 19세기 이탈리아 왕국에 병합되었다가, 1929년에 이탈리아와 라테란 조약을 맺으면서 독립 국가가 되었어요.

바티칸 시국은 비록 면적은 작지만, 전 세계 14억 명에 이르는 가톨릭 신자에게는 아주 중요한 나라예요. 또 나라 전체가 유네스코 세계 유산으로 선정될 만큼 중요한 문화유산이 많아요. 그중 성 베드로 대성당과 시스티나 성당은 바티칸 시국 그 자체라고 할 수 있을 정도로 역사적이고 상징적인 건축물이지요.

우리나라와는 1963년에 공식적으로 외교 관계를 맺었는데, 그보다 앞서 1947년에 우리나라의 독립을 가장 먼저 인정하기도 했어요. 이는 우리나라가 국제 사회에서 독립 국가로 인정받는 데 큰 힘이 되었지요. 이후 1984년에는 요한 바오로 2세가, 2014년에는 프란치스코 교황이 한국을 방문하면서 관계가 더욱 깊어졌답니다.

바티칸 시국

History Airline
주제 마인드맵

기독교의 탄생과 공인, 종교 개혁

기독교의 국교화 과정과 종교 개혁의 흐름을 살펴보고, 어떻게 변화했는지 정리해 보아요.

기독교의 탄생과 공인

탄생 배경
- 로마 제국: 다신교 사회
- 유대교에서 예수 등장
- 예수의 사랑과 평등, 구원 강조

기독교 확산
- 예수 사망 → 부활 신앙 확산
- 바울, 베드로 등 예수 제자들의 선교, 교회 설립
- 순교 속에서 신자 증가

기독교 박해
- 로마 대화재 이후 극심한 박해
- 기독교 황제 숭배 거부 → 반국가적 존재로 간주
- 기독교 불법 종교 규정
- 디오클레티아누스의 기독교 탄압 명령

국교 공인과 성장
- 313년 콘스탄티누스의 밀라노 칙령 → 기독교 합법 종교 인정
- 392년 테오도시우스의 기독교 국교 지정
- 기독교, 지배 종교로 자리 잡음

History information

종교 개혁

교회의 부패
- 중세 교황의 권력 집중
- 면벌부 판매, 성직 매매
- 신앙보다 돈 중심의 교회 운영
- 신자들의 불만 고조
- 가톨릭교회 권위에 대한 의심 확산

저항의 시작
- 1517년 루터, 95개조 반박문 발표
- "믿음으로만 구원받을 수 있다" 주장
- 당시 발명된 활판 인쇄술로 성경 번역→일반 사람도 직접 성경 읽고 해석 가능

분열과 충돌
- 루터와 칼뱅 등 각국에서 새로운 종교 지도자 등장
- 기독교의 분열→교황의 권위 인정하는 구교와 교황의 지배에서 벗어난 신교
- 구교와 신교 간의 종교 전쟁 발발

종교 개혁의 시작
- 1648년 베스트팔렌 조약 →종교의 자유 인정
- "구교든 신교든 각 나라가 선택한 종교 인정하자" 약속
- 유럽 사회·문화·정치 변화 촉진

벌거벗은 세계사 퀴즈 기독교 편

 로마 제국은 정복지의 신을 받아들이는 데는 관대했지만, 기독교만은 박해했어요. 그 이유로 알맞은 것을 골라 보세요. (   )

① 기독교인이 로마의 신들을 모두 훔쳐 갔기 때문에

② 기독교는 로마보다 먼저 생긴 종교였기 때문에

③ 기독교 신자들이 로마 시민권을 거부했기 때문에

④ 기독교는 다른 신을 부정하고 황제 숭배도 거부했기 때문에

 예수와 유대교에 관한 설명을 읽고 맞으면 O, 틀리면 X를 써 보세요.

① 예수는 모든 사람이 존중받고 서로 사랑하는 하느님의 나라를 만들라고 가르쳤다.

② 유대교는 천지의 창조자 '야훼'를 유일한 신으로 섬기는 종교이다.

③ 예수는 안식일을 반드시 지켜야 한다고 가르쳤다.

④ 유대 지도자들은 예수가 자신들의 이익을 침범한다고 느꼈다.

3 로마 제국은 다양한 신을 섬기는 다신교 사회였어요. 모든 신을 위한 신전이라는 뜻을 가진 이 건축물의 이름을 써 보세요.

4 로마 황제 디오클레티아누스가 기독교를 박해한 과정을 설명한 글을 읽고, 빈칸에 알맞은 말을 〈보기〉에서 찾아 써 보세요.

보기

성경   칙령   병역 거부   대박해

① 디오클레티아누스는 기독교인들의 ☐ ☐ ☐ 를 문제 삼아 탄압을 시작했다.

② 니코메디아의 교회를 파괴하고 ☐ ☐ 을 불태우는 등 강경하게 대응했다.

③ 이후 기독교인 처벌 내용을 담은 ☐ ☐ 을 발표했다.

④ 역사상 가장 혹독한 ☐ ☐ 를 시작했다.

벌거벗은 세계사 퀴즈 종교 개혁 편

1 교황과 면벌부에 관한 설명을 읽고 맞으면 O, 틀리면 X를 써 보세요.

① 교황인 레오 10세는 성 베드로 대성당 건축을 위해 면벌부 판매를 허락했다. O X

② 면벌부는 죽은 사람의 죄도 없애 준다고 여겨졌다. O X

③ 면벌부 판매 수익은 모두 가난한 사람을 돕는 데 사용되었다. O X

④ 면벌부는 로마 시민에게만 판매되었다. O X

2 95개조 반박문을 발표한 마틴 루터가 성경에 대해 주장한 것으로 옳은 것을 골라 보세요.

( )

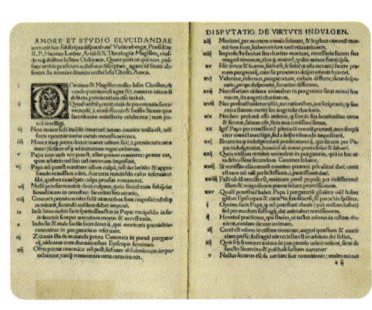

95개조 반박문

① 성직자의 허락 없이 성경을 읽으면 안 된다고 주장했다.

② 성경은 성직자만 해석할 수 있다고 믿었다.

③ 누구나 성경을 직접 읽고 믿음을 가져야 한다고 주장했다.

④ 성경보다는 교회의 가르침이 더 중요하다고 주장했다.

아래 퍼즐판에서 숨겨진 아래 네 단어를 찾아보세요.

- **교황**: 유럽의 정신적·정치적 권력을 가진 가톨릭교회의 최고 지도자
- **종교 개혁**: 마틴 루터가 교회의 부패를 비판하며 고치기 위해 시작한 움직임
- **바티칸**: 성 베드로의 무덤 위에 세워진 교황의 중심지이자 가톨릭의 상징
- **성직자**: 종교 의식을 주관하고, 사람들에게 종교적인 가르침을 전하는 사람

루	자	유	문	종
바	반	의	회	교
신	티	교	성	개
박	장	칸	직	혁
광	교	황	자	천

벌거벗은 세계사 퀴즈 정답

> 기독교편

1 ④ 기독교는 다른 신을 부정하고 황제 숭배도 거부했기 때문에

2 ① (O) ② (O)
　 ③ (X) ④ (O)

> 해설
> 예수는 율법과 안식일을 반드시 지켜야 하는 건 아니라고 비판했다.

3 판 테 온

4 ① 병역 거부
　 ② 성경
　 ③ 칙령
　 ④ 대박해

> 종교 개혁편

1 ① (O) ② (O)
　 ③ (X) ④ (X)

> 해설
> 면벌부 수익은 성당 건축 자금으로 사용되었고, 면벌부는 로마 전역은 물론 독일에서도 판매되었다.

2 ③ 누구나 성경을 직접 읽고 믿음을 가져야 한다고 주장했다.

3

루	자	유	문	종
바	반	의	회	교
신	티	교	성	개
박	장	칸	직	혁
광	교	황	자	천

사진 출처

10쪽 성 베드로 대성당_위키미디어 · Alvesgasparo | 18쪽 이탈리아 국기_위키미디어 | 20쪽 포로 로마노_게티이미지뱅크 | 21쪽 포로 로마노 전경_위키미디어 | 26쪽 카이사르 신전_위키미디어 | 33쪽 빌라도가 군중들에게 예수를 가리키는 모습을 묘사한 그림_위키미디어 | 35쪽 예수에게 천국의 열쇠를 받는 베드로_위키미디어 | 36쪽 로마 키르쿠스 막시무스_위키미디어 · Rabax63 | 37쪽 로마 대화재를 묘사한 그림_위키미디어 | 42쪽 기독교인을 죽이는 네로_위키미디어 · Siemiradski_Fackeln16 | 45쪽 레오나르도 다 빈치 〈최후의 만찬〉_위키미디어 | 47쪽 트라야누스 황제 조각상_위키미디어, 어린 소 플리니우스의 초상화_위키미디어 | 50쪽 튀르키예 이즈미트의 니코메디아 수로 유적_위키미디어 | 51쪽 튀르키예 이즈미트_위키미디어, 바클라바_위키미디어 | 52쪽 디오클레티아누스 얼굴이 새겨진 로마의 동전_위키미디어 · CNG | 57쪽 콘스탄티누스 황제_위키미디어 · Merulana | 58쪽 콘스탄티누스의 꿈을 묘사한 그림_위키미디어 | 64쪽 바티칸 시국 국기_위키미디어 | 66쪽 성 베드로 광장_위키미디어 · Vyacheslav Argenberg | 67쪽 바티칸을 지키는 근위대_위키미디어 · Sjaak Kempe | 69쪽 대관식을 묘사한 그림_위키미디어 · Friedrich Kaulbach | 73쪽 카노사의 굴욕을 묘사한 그림_위키미디어 · Eduard Schwoiser | 75쪽 아비뇽 교황청_위키미디어 · Chimigi | 77쪽 흑사병 당시 피렌체의 모습_웰컴콜렉션갤러리 | 78쪽 시스티나 성당_위키미디어 · Sailko | 79쪽 시스티나 성당 천장화_위키미디어 | 81쪽 식스투스 4세가 바티칸 도서관장을 임명하는 모습을 묘사한 그림_위키미디어 · Melozzo da Forlì | 82쪽 알렉산데르 6세_위키미디어 · Pedro Berruguete | 86쪽 체사레 보르자_위키미디어 · Altobello Melone | 87쪽 율리오 2세_위키미디어 · Raphael | 92쪽 성 베드로 대성당 내부_위키미디어 · Giovanni Paolo Pannini | 93쪽 레오 10세_위키미디어 · Raphael | 100쪽 면벌부 판매를 묘사한 그림_위키미디어·Hans Holbein the Younger | 101쪽 마틴 루터_위키미디어 · Lucas Cranach the Elder | 102쪽 95개조 반박문_위키미디어 | 106쪽 베스트팔렌 조약_위키미디어 | 111쪽 스웨덴 스톡홀름 시청_게티이미지뱅크 | 112쪽 교황 알렉산데르 3세 대관식_위키미디어 | 113쪽 동방 박사의 경배 그림 속 메디치 가문_위키미디어 | 114쪽 하느님의 음성을 듣고 말에서 떨어지는 바울_위키미디어 | 115쪽 레오 10세_메트로폴리탄 미술관 | 116쪽 미켈란젤로_위키미디어 | 117쪽 로렌초 데 메디치_위키미디어, 장 칼뱅_위키미디어 | 118쪽 르네상스의 발상지인 피렌체_위키미디어 · Sailko | 119쪽 바티칸 시국_게티이미지뱅크

벌거벗은 세계사
⑫ 로마의 국교가 된 기독교와 종교 개혁

기획 **tvN** 〈벌거벗은 세계사〉 제작진 | 글 김우람 | 그림 최호정 | 감수 정기문·임승휘

1판 1쇄 인쇄 | 2025년 8월 4일
1판 1쇄 발행 | 2025년 8월 20일

펴낸이 | 김영곤
프로젝트1팀장 | 이명선
기획개발 | 채현지 김현정 권정화 오지애 우경진 최지현
영업팀 | 정지은 한충희 남정한 장철용 강경남 황성진 김도연 이민재
교정교열 | 김경애 **디자인** | 윤수경 **제작** | 이영민 권경민

펴낸곳 | (주)북이십일 아울북
등록번호 | 제406-2003-061호 **등록일자** | 2000년 5월 6일
주소 | 경기도 파주시 회동길 201(문발동) (우 10881)
전화 | 031-955-2145(기획개발), 031-955-2100(마케팅·영업·독자문의)
브랜드 사업 문의 | license21@book21.co.kr
팩시밀리 | 031-955-2177
홈페이지 | www.book21.com

ISBN | 979-11-7357-262-3
ISBN | 978-89-509-0082-3(세트)

Copyright©2025 Book21 아울북 · CJ ENM. ALL RIGHTS RESERVED.
이 책을 무단 복사·복제·전재하는 것은 저작권법에 저촉됩니다.

* 잘못 만들어진 책은 구입하신 서점에서 교환해 드립니다.
* 가격은 책 뒤표지에 있습니다.

⚠ **주의** 1. 책 모서리가 날카로워 다칠 수 있으니 사람을 향해 던지거나 떨어뜨리지 마십시오.
　　　　2. 보관 시 직사광선이나 습기 찬 곳을 피해 주십시오.

다양한 SNS 채널에서
아울북과 을파소의 더 많은 이야기를 만나세요.

  인스타그램 @owlbook21
  유튜브 @아울북&을파소

・제조자명: (주)북이십일
・주소 및 전화번호: 경기도 파주시 회동길 201(문발동)/031-955-2100
・제조연월: 2025.8.20
・제조국명: 대한민국
・사용연령: 3세 이상 어린이 제품

・**일러두기** 이 책에 나오는 지명과 인명은 《표준국어대사전》을 따라 표기하였고,
　　　　　　규범 표기가 미확정일 경우 감수자의 자문을 거쳐 학계의 표기를 따랐습니다.

벌거벗은 한국사 퀴즈

비교하면 더 잘 보이는 역사!

종교 개혁 시기, 우리나라에서는 어떤 일이 일어나고 있었을까요?
세계사와 비슷한 시대의 한국사 사건들을 퀴즈로 풀어 보며,
두 역사의 연결 고리를 찾아 보세요!

1. 다음 설명에 해당하는 교육 기관으로 옳은 것은? [ ]

조선 시대 최고의 교육 기관

- 입학 자격은 소과에 합격한 생원, 진사 등에게 주어졌다.
- 주요 건물로는 대성전과 명륜당이 있다.
- 영조 때에는 이곳의 입구에 탕평비가 세워졌다.

① 서당 ② 동문학 ③ 성균관 ④ 사부 학당

2. 아래와 같은 독서법에 대한 명언을 남긴 학자는? [ ]

( )의 독서법
책을 읽을 때에는 마땅히 그 뜻을 밝히는 데 힘써야 한다.
말과 문자에만 매달리는 공부가 되어서는 안 된다.

① 퇴계 이황   ② 율곡 이이
③ 다산 정약용   ④ 포은 정몽주